CLAUDIA LAERMANN

SCANDI STRICK

Für die Kleinsten

Zauberhafte Mützen,

Schals und Fäustlinge

CV

Inhaltsverzeichnis

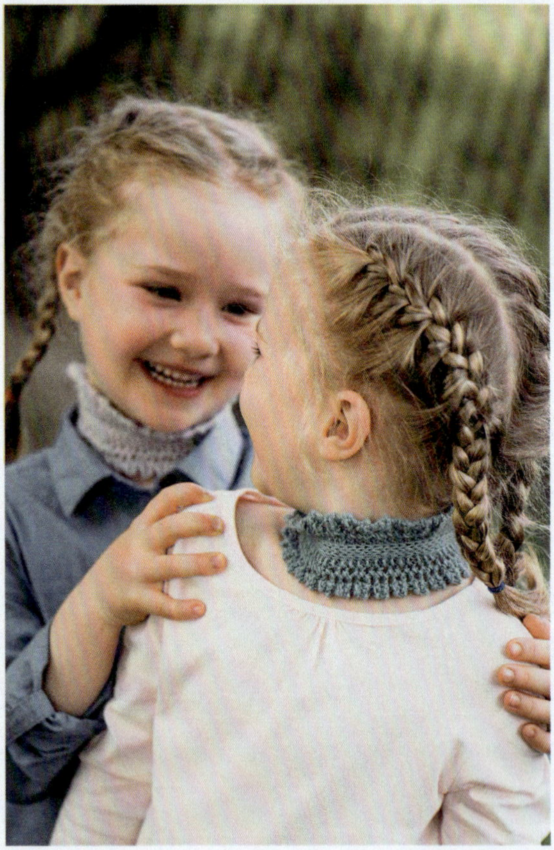

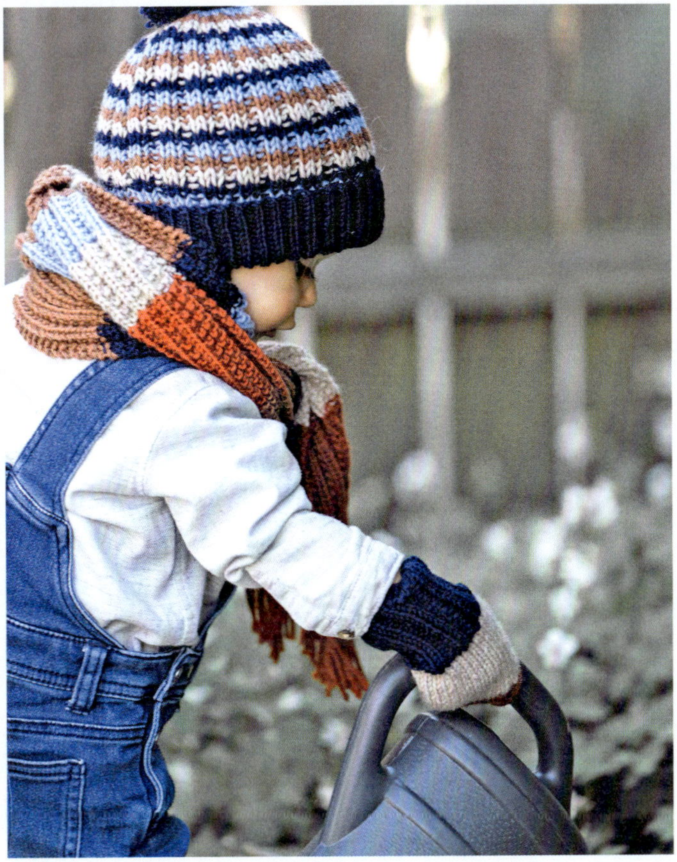
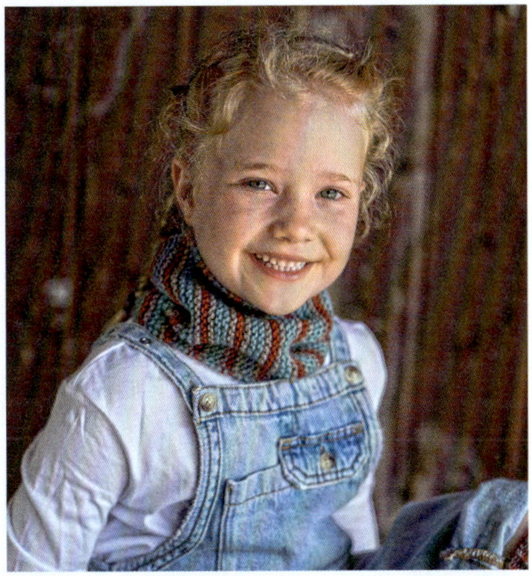
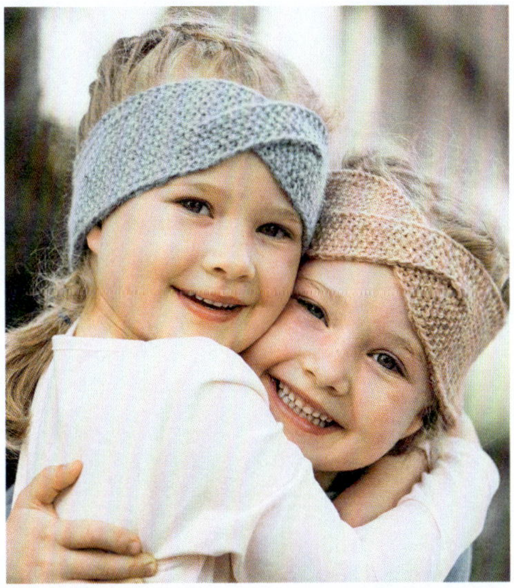
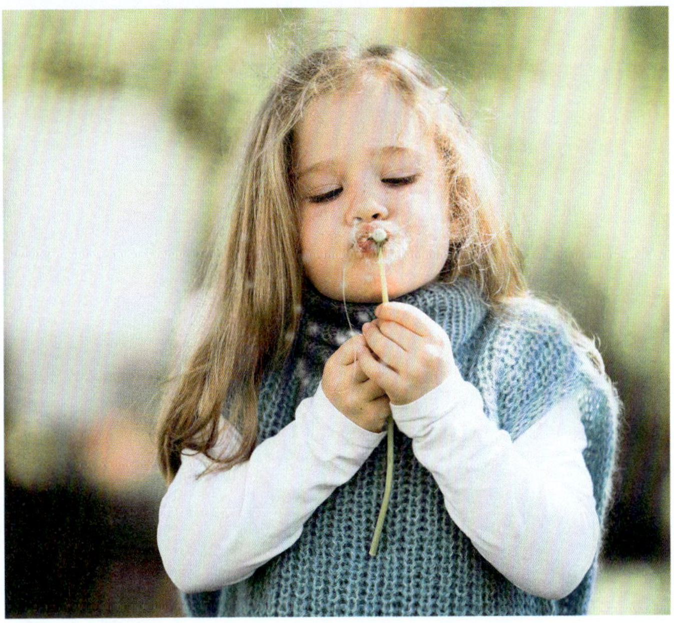
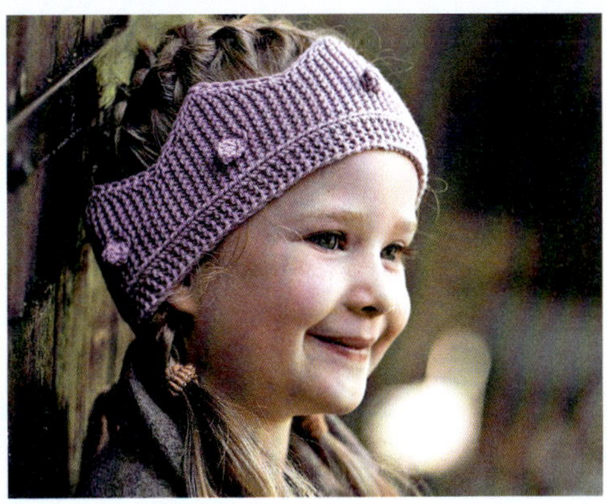

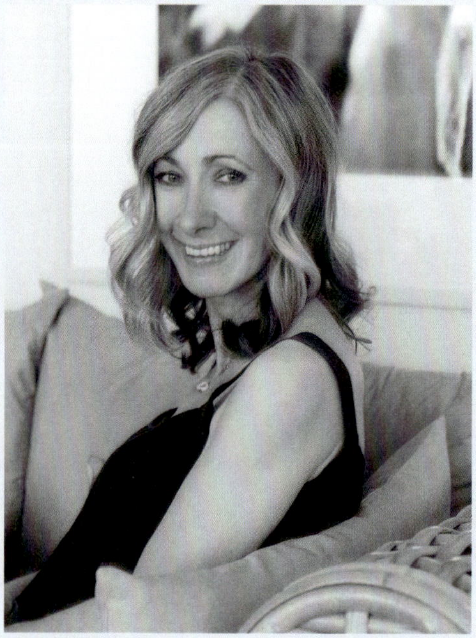

Hjärtligt välkomna!

Einer meiner sehr frühen Kontakte mit Selbstgestricktem waren Socken, gestrickt von meiner Oma aus Wolle ihres Schafes Uschi – kratzig und dunkel-wollweiß.

In der Schule entstanden die ersten eigenen Werke mit Nadel und Wolle mit mäßigem Erfolg, wenig Begeisterung, manchmal sogar etwas Verzweiflung. Leider fiel es auch immer auf, wenn Oma, meine Mutter oder meine Tanten mit ein paar Reihen weitergeholfen haben – das gab Ärger! Kein Gedanke, dass ich später einmal Strickkollektionen für große Modelabels entwerfen würde.

Dennoch haben die anfänglichen Anstrengungen gefruchtet und der Wunsch, mir selbst etwas Passendes herzustellen und zu kreieren in genau der Lieblingsfarbe und so geschnitten, wie ich es haben wollte, aus wunderbaren Wollknäuelchen, hat mir als Teenager zunehmend Spaß und dann den Ehrgeiz gebracht.

So sehr, dass ich Mode-Design studierte und seit vielen Jahren als Designerin tätig bin. Ich liebe schnörkellose Designs und schöne Farbkombis aus hochwertigen Materialien. Muster, Schnitte und Techniken müssen leicht umzusetzen und verständlich sein, sonst landet das Projekt in der Schublade der unvollendeten Werke.

Als Wahl- Hamburgerin – quasi am südlichen Rand von Skandinavien gelegen – hat es mir besondere Freude gemacht, für das Buch *Scandi Strick für die Kleinsten* Mützen, Schals und Co. zu entwerfen – kleine und größere Strickprojekte für den Nachwuchs, die sich in überschaubarer Zeit realisieren lassen. Ich wünsche mir, dass es Sie, liebe Leser*innen – ob Anfänger*in oder erfahrene Stricker*in – inspiriert und animiert, zu den Nadeln zu greifen und schöne Wolle auszusuchen, um Ihre kleinen Rabauken, Räubertöchter und Prinzessinnen selbst bestrickt, gut behütet und warm eingepackt durch den Winter zu bringen – kuschelweich und in schönen Farben. Und es ist mir eine Herzensangelegenheit, die Begeisterung für dieses schöne Hobby weiterzugeben. Seien Sie kreativ!

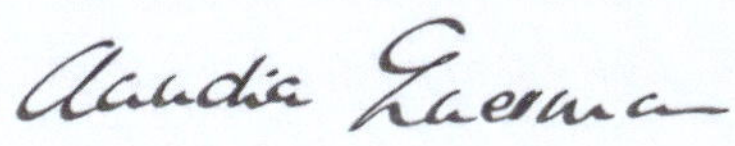

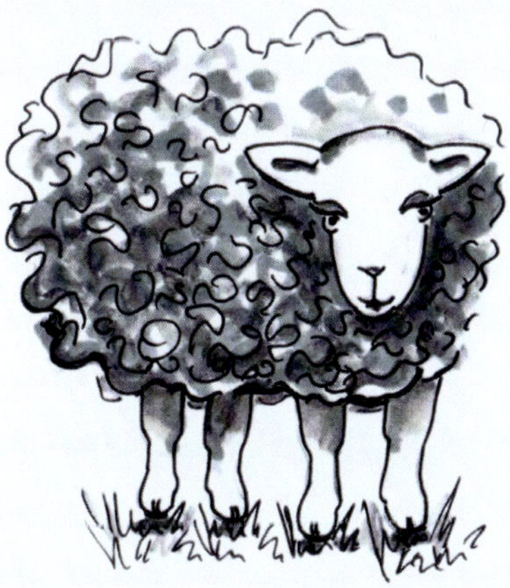

Hallo aus Bullerbü

LOOP NELE * GUMMISTIEFELSTULPEN LIA * MÜTZE JANNE

GRÖSSEN Mütze: 48-50 cm (50-52 cm) Kopfumfang; Loop: 38 cm Umfang, 15 cm hoch; Stulpen: 16,5 cm (18 cm) Umfang, 26 cm (30 cm) hoch = 3-4 Jahre (4-5 Jahre)

MATERIAL Lang Yarns Merino+ (100% Schurwolle; LL = 90 m/50 g); **für die Mütze** 100 g Hellgrau (Fb 152.0224), 50 g Mint (Fb 152.0074); Stricknadeln in 5 mm, Nadelspiel in 5 mm; Wollnadel

ggh Wollywasch (100% Schurwolle; LL = 125 m/50 g); **für den Loop** je 50 g Frostgrün (Fb 213), Feldstein (Fb 162) und Sequoiabraun (Fb 209); Stricknadel in 4 mm; **für die Stulpen** 100 g Frostgrün und je 50 g Feldstein und Sequoiabraun; Nadelspiel in 3 mm und 3,5 mm

MUSTER **Kraus rechts:** In Hin- und RückR alle M rechts stricken.

Perlmuster in Rd: 1 M rechts, 1 M links im Wechsel und in jeder Rd versetzt arbeiten.

Bündchenmuster: 1 M rechts, 1 M links im Wechsel stricken.

Verschränktes Bündchenmuster: 1 M rechts verschränkt, 1 M links verschränkt im Wechsel stricken.

Falsches Patent in Rd: Mzahl teilbar durch 4.

1. Rd: * 3 M rechts, 1 M links; ab * wiederholen.

2. Rd: * 1 M links, 1 M rechts, 2 M links; ab * wiederholen. Die 1.-2. Rd fortlaufend wiederholen.

Jacquardmuster: Mzahl teilbar durch 4. Glatt rechts nach Zählmuster arbeiten. Die 4 M zwischen den beiden Pfeilen in der Rd stets wiederholen. Die 1.-4. Rd insgesamt 1x arbeiten.

Maschenprobe auf Seite 12

Loop Nele

29 M in Frostgrün anschlagen und kraus rechts in folgender Farbfolge arbeiten: * 4 R Frostgrün, 2 R Feldstein, 2 R Sequoiabraun, 2 R Feldstein; ab * wiederholen.

Nach 36 cm und 150 R (= 15x die 10 R der Farbfolge) die M abketten.

Die Anschlag- und die Abkettkante zusammennähen, dabei an der unteren Kante (die Kante, an der die Fäden für den Farbwechsel mitgeführt worden sind) 3 cm offenlassen. Den Kragen anfeuchten, in Form ziehen und liegend trocknen lassen

Gummistiefelstulpen Lia

48 M (52 M) mit Nadelstärke 3 mm in Sequoiabraun anschlagen, die M auf 4 Nadeln verteilen und zur Rd schließen. Im verschränkten Bündchenmuster 4 cm in folgender Farbfolge stricken: * 2 Rd Feldstein, 2 Rd Sequoiabraun; ab * wiederholen, dann noch 2 Rd Feldstein.

Dann in Frostgrün mit Nadelstärke 3,5 mm im falschen Patent arbeiten. Nach 22 cm (26 cm) Gesamthöhe wieder auf Nadelstärke 3 mm wechseln und 4 cm im verschränkten Bündchenmuster in folgender Farbfolge stricken: * 2 Rd Feldstein, 2 Rd Sequoiabraun; ab * wiederholen (mit Sequoiabraun enden). Dann alle M locker abketten. Die Stulpen anfeuchten, in Form ziehen und liegend trocknen. ▼

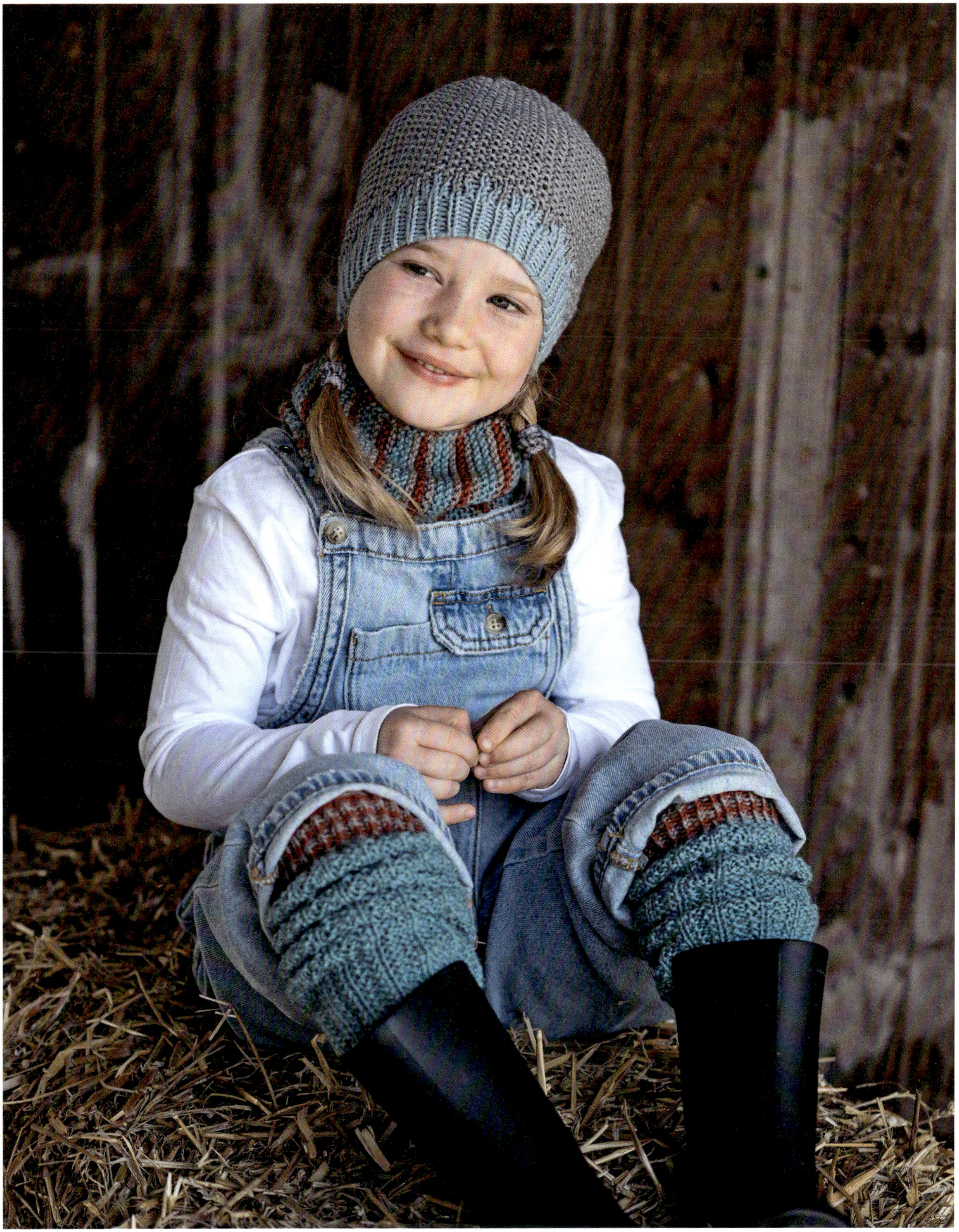

MASCHENPROBE Perlmuster (5 mm): 19 M x 36 R = 10 cm x 10 cm; kraus rechts (4 mm): 19 M x 40 R = 10 cm x 10 cm; falsches Patent (3,5 mm): 22 M x 40 R = 10 cm x 10 cm

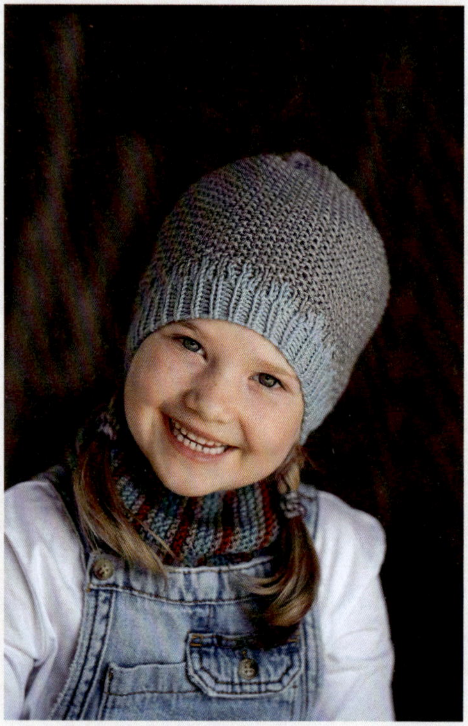

Mütze Janne

In Mint 72 M (76 M) anschlagen, gleichmäßig zu je 18 M (19 M) auf 4 Nadeln verteilen, zur Rd schließen und 8 Rd im Bündchenmuster, 4 Rd im Jacquardmuster, dann weiter in Hellgrau im Perlmuster stricken. In einer Gesamthöhe von 16 cm (17,5 cm) für die Mützenabnahmen 11 M (12 M) im Perlmuster, 1 doppelter Überzug mit aufliegender Mittelmasche (= 2 M zusammen wie zum Rechtsstricken abheben, 1 M rechts, dann die beiden abgehobenen M zusammen überziehen), * 12 M (12 M) im Perlmuster, 1 doppelter Überzug mit aufliegender Mittelmasche; ab * noch 1x wiederholen, 11 M (13 M) im Perlmuster, 1 doppelter Überzug mit aufliegender Mittelmasche = 62 M (66 M).

Diese Abnahmen noch 5x in jeder 3. Rd wiederholen, dabei verringert sich die Mzahl zwischen den doppelten Überzügen, die stets übereinander gearbeitet werden. Die Abnahme-M in den Rd ohne Abnahmen rechts stricken = 12 M (16 M). In der folgenden 2. Rd jeweils 2 M rechts zusammen = 6 M (8 M). Dann den Faden abschneiden, durch die letzten 6 M (8 M) fädeln und zusammenziehen. Alle Fäden auf der Innenseite vernähen.

Zählmuster Mütze

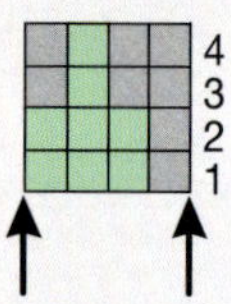

Zeichenerklärung:

- = 1 M in Mint
- = 1 M in Hellgrau

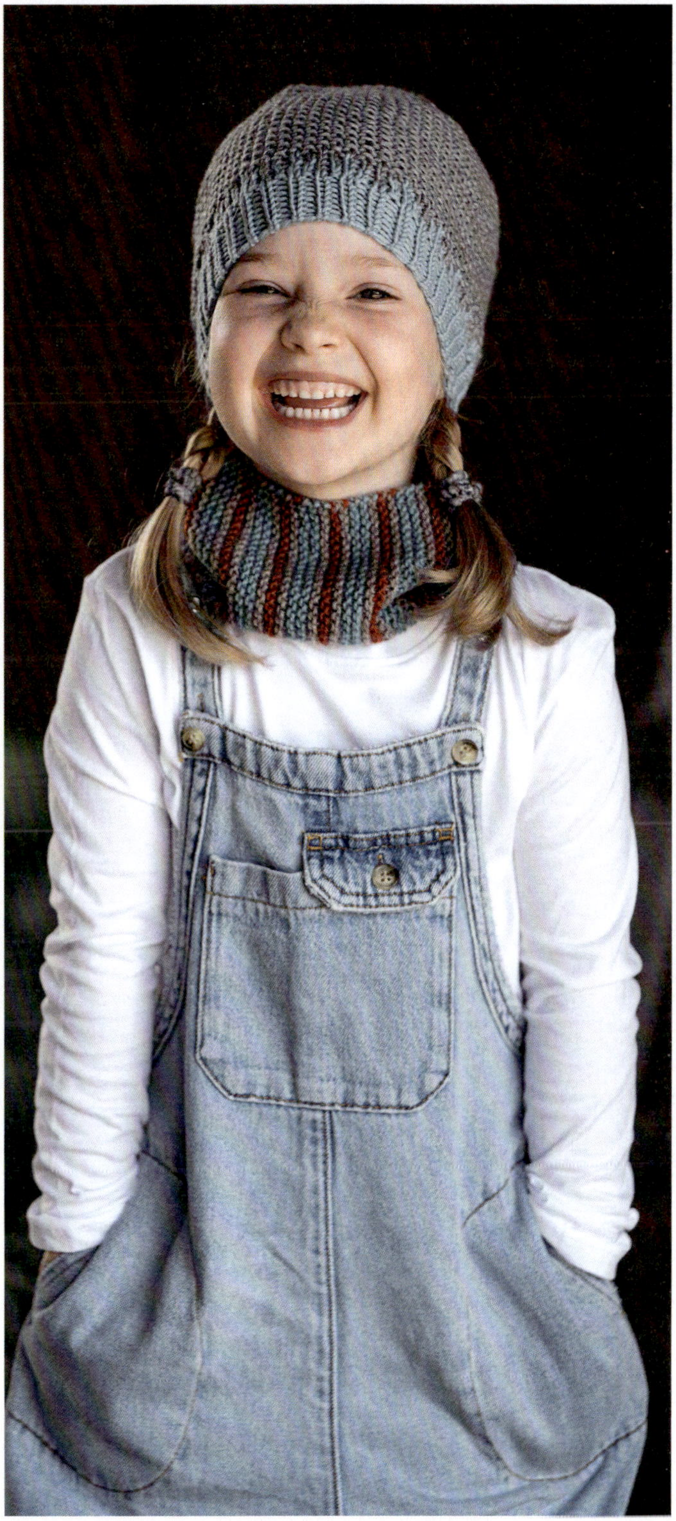

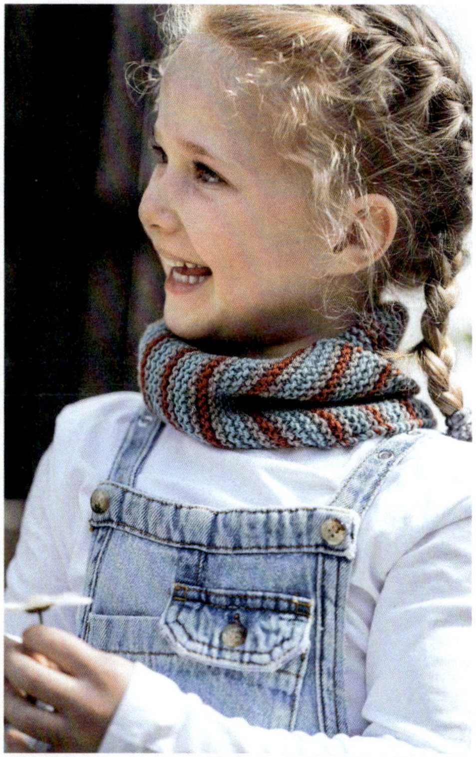

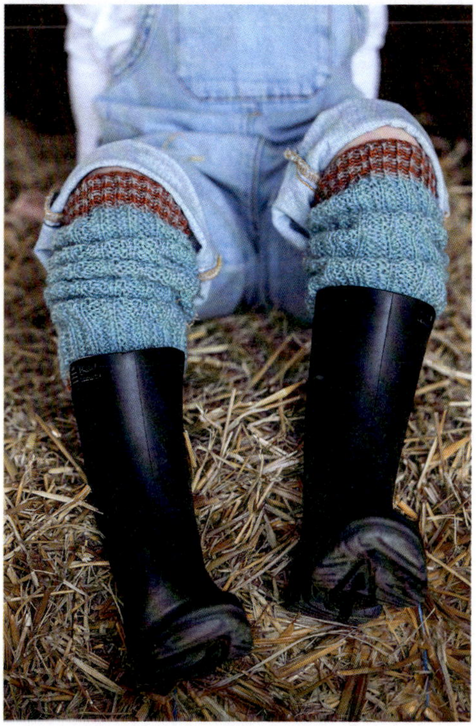

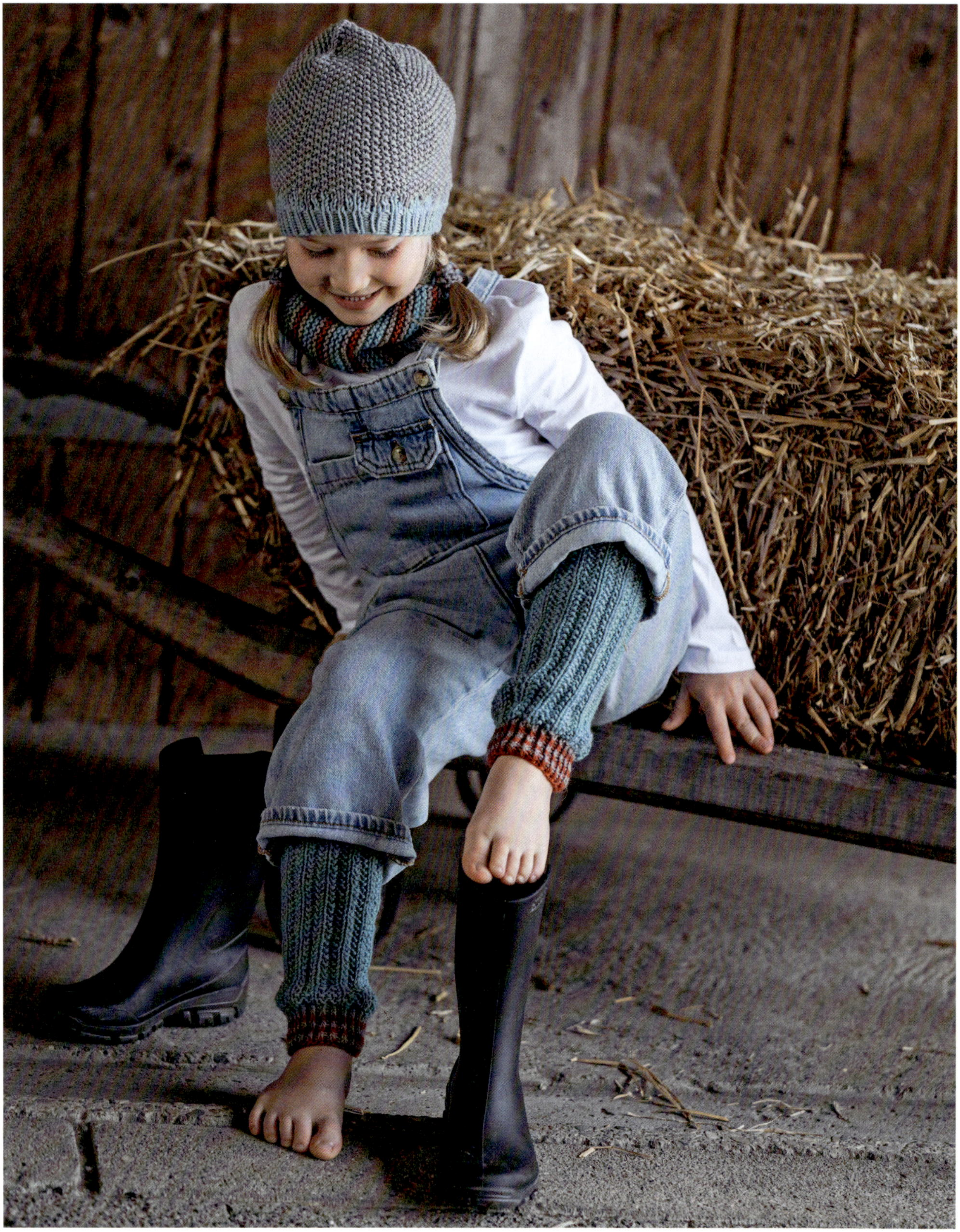

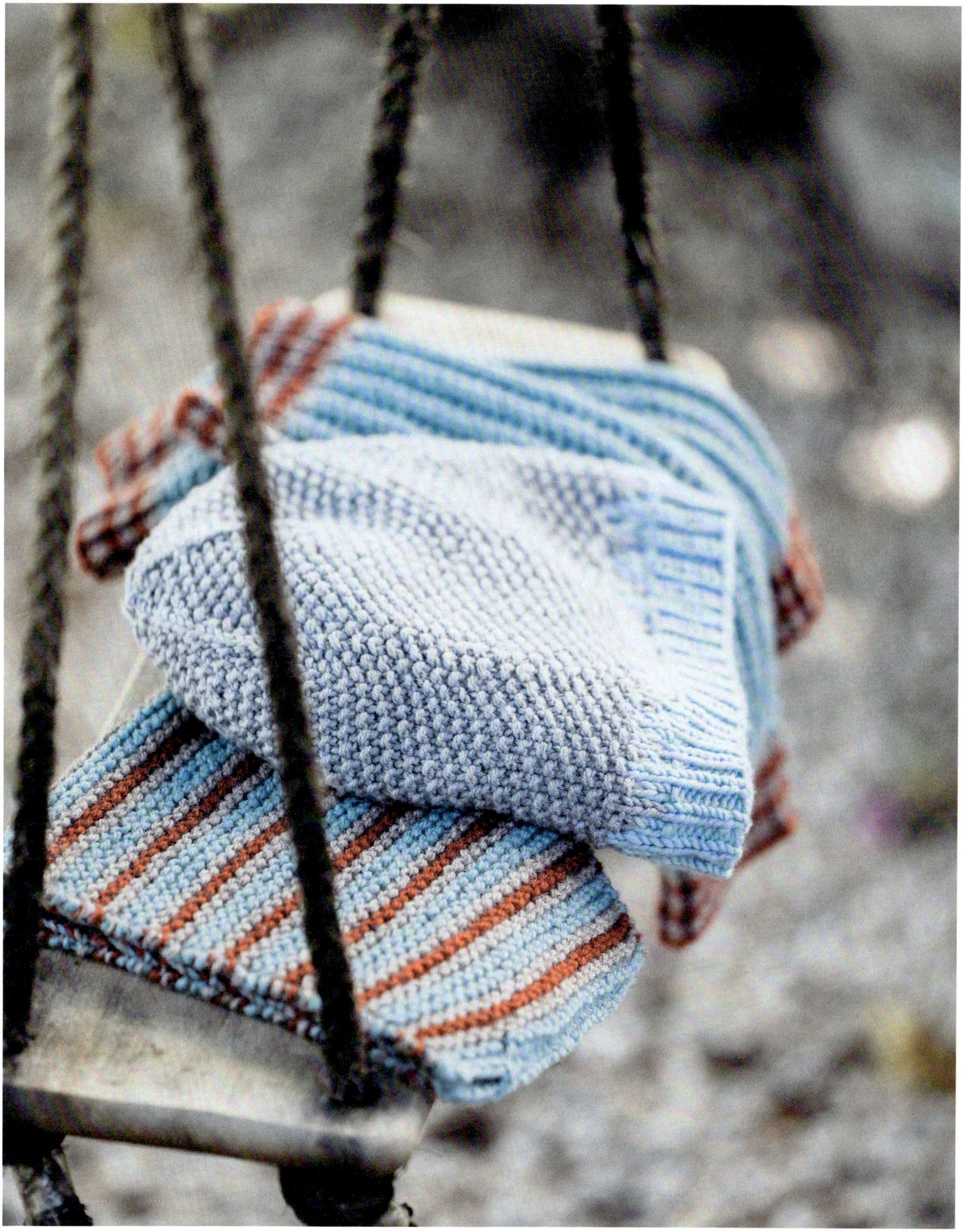

Wir zwei in Vimmerby

MÜTZE FINN ✻ SCHLUPFSCHAL JONTE

GRÖSSEN Mütze: 50-52 cm (52-54 cm) Kopfumfang; Schlupfschal: 104/110 (116/122) = 3-4 Jahre (5-6 Jahre)

MATERIAL Lana Grossa Cool Wool Big (100% Schurwolle; LL = 120 m/50 g): **für die Mütze** 100 g Braun meliert (Fb 216) und 50 g Mint (Fb 947) oder 100 g Rosenholz (Fb 953) und 50 g Braun meliert (Fb 216); Stricknadeln in 3,5 mm; 2 Maschenmarkierer; **für den Schal** 150 g Braun meliert, Stricknadeln in 4 mm; 1 Wollnadel

MUSTER **Bündchenmuster:** 1 M rechts, 1 M links im Wechsel stricken.

Halbpatent mit linken PatentM: ungerade Mzahl. **1. Reihe (HinR):** Randm, * 1 M mit 1 Umschlag abheben, 1 M rechts; ab * wiederholen, 1 M mit 1 Umschlag abheben, Randm. **2. Reihe (RückR):** Randm, * 1 M mit dem Umschlag der VorR rechts zusammen, 1 M links; ab * wiederholen, 1 M mit dem Umschlag der VorR rechts zusammen, Randm. Die beiden R fortlaufend wiederholen.

Halbpatent mit rechten PatentM: ungerade Mzahl. **1. Reihe (HinR):** Randm, * 1 M links, 1 M mit 1 Umschlag abheben; ab * wiederholen, 1 M links, Randm. **2. Reihe (RückR):** Randm, 1 M rechts, 1 M mit dem Umschlag der VorR links zusammen; ab * wiederholen, 1 M rechts, Randm. Die beiden R fortlaufend wiederholen.

Rechtsgeneigte Abnahmen: 3 M mit den Umschlägen rechts zusammen. ▼

Mütze Finn

80 M (86 M) in Braun meliert anschlagen. Im Halbpatent mit linken PatentM arbeiten, dabei in der 1. R 1 M zunehmen = 81 M (87 M) und ebenfalls in der 1. R bereits wie folgt den Intarsienstreifen beginnen: Randm, 31 M (33 M) im Halbpatent, 1 M rechts verschränkt, in Mint 1 M rechts verschränkt, 13 M (15 M) Halbpatent, 1 M rechts verschränkt, ein 2. Knäuel in Braun meliert ansetzen, 1 M rechts verschränkt, 31 M (33 M) im Halbpatent, Randm. Beim Farbwechsel die Fäden auf der Vorderseite der Arbeit im Uhrzeigersinn verkreuzen. Für den Umschlag 6 cm gerade hoch. Dann zu Halbpatent mit rechten PatentM wechseln, d.h. die Vorderseite wird zur Rückseite und die Fäden für die Farbübergänge werden nun auf der anderen Arbeitsseite verkreuzt. Nach 22,5 cm (24 cm) ab Anschlag in der letzten RückR nach den ersten 10 M und vor den letzten 31 M je 1 Maschenmarkierer (MM) einhängen (Umschläge nicht als M zählen).

Abnahme-R (HinR): Randm, 9 M im Muster, 1 rechtsgeneigte Abnahme, bis 3 M vor dem ersten MM im Muster stricken, 1 linksgeneigte Abnahme, den MM abheben, 19 M (21 M) im Muster, 1 rechtsgeneigte Abnahme, bis 3 M vor dem nächsten MM im Muster, 1 linksgeneigte Abnahme, den MM abheben, 9 M im Muster, Randm (8 Abnahmen).

Weiter im Halbpatent mit rechten PatentM arbeiten und die Abnahmen-R noch 3x (4x) in jeder 4. R wiederholen = 49 M (47 M). Dann alle M ohne Umschläge weiterarbeiten, wie sie erscheinen: 1 M rechts, 1 M links im Wechsel. ▼

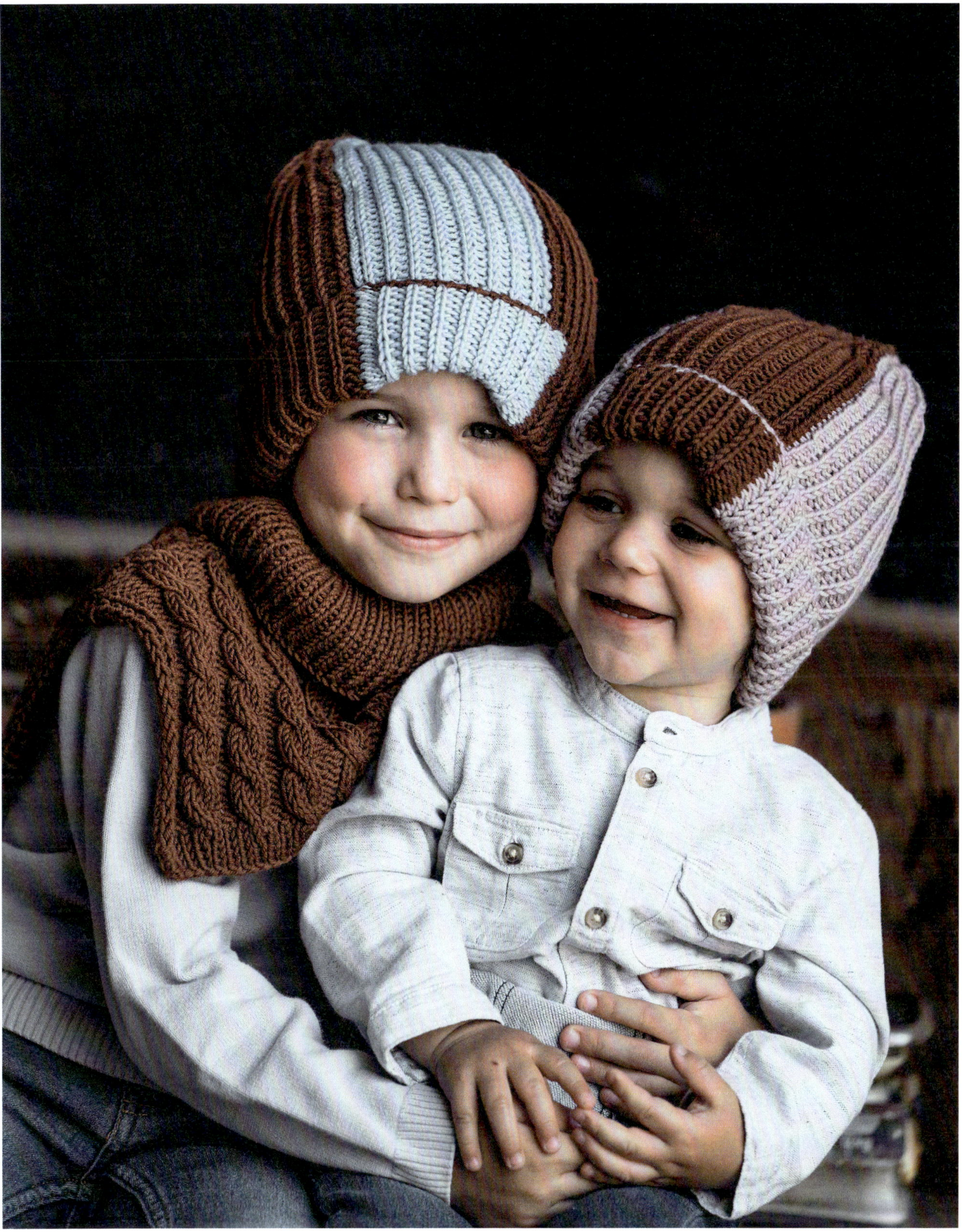

Linksgeneigte Abnahme: 1 M wie zum Rechtsstricken abheben, die folgenden M (= 1 linke M mit Umschlag und 1 rechte M) rechts zusammen, dann die abgehobene M überziehen.

Randm Schal (je 4 M): HinR beginnen mit 1 M rechts, 1 M rechts verschränkt, 1 M links, 1 M rechts verschränkt und enden mit 1 M rechts verschränkt, 1 M links, 1 M rechts verschränkt, 1 M abheben. RückR beginnen mit 1 M rechts, 1 M links, 1 M rechts verschränkt, 1 M links und enden mit 1 M links, 1 M rechts verschränkt, 1 M links, 1 M abheben.

Zopfmuster: Mzahl teilbar durch 7 + 3 + Randm. Nach Strickschrift arbeiten. Es sind die HinR notiert, in den RückR alle M stricken, wie sie erscheinen. In den HinR nach der Randm den Rapport von 7 M zwischen den Pfeilen stets wiederholen und mit den 3 M nach dem linken Pfeil und der Randm enden. Die 1.-6. R fortlaufend wiederholen.

MASCHENPROBE Halbpatent (Nadel 3,5 mm): 19 M x 46 R = 10 cm x 10 cm; Zopfmuster (Nadel 4 mm): 28 M x 25 R = 10 cm x 10 cm

Strickschrift Schlupfschal

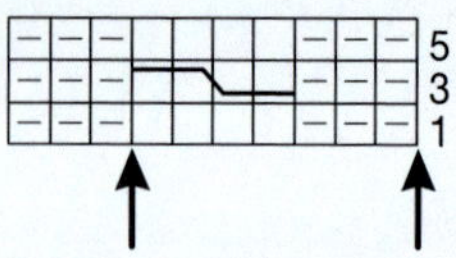

Zeichenerklärung:

☐ = 1 M rechts

⊟ = 1 M links

= 2 M auf einer Hilfsnadel vor die Arbeit legen, 2 M rechts, dann die 2 M der Hilfsnadel rechts

In der folgenden R nach der Randm stets 2 M rechts zusammen, nur auf dem Intarsienstreifen 1x 3 M rechts zusammen = 25 M (24 M). In der folgenden 2. R diese Abnahmen noch einmal wiederholen = 13 M. Noch 1 RückR stricken, dann den Faden ca. 60 cm lang abschneiden und durch die letzten 13 M ziehen, aber noch nicht zusammenziehen.

Die rückwärtige Naht schließen, dabei darauf achten, dass die Nahtzugabe jeweils innen liegt, d.h. mit dem Wechsel des Patentmusters die Seite wechselt. Den Faden 2x ringsum durch die oberen M fädeln und den Faden zusammenziehen.

Für die 2. Farbvariante Braun meliert durch Rosenholz ersetzen und Mint durch Braun meliert.

Schlupfschal Jonte

Für das Rückenteil 75 M (83 M) anschlagen und 1,5 cm im Bündchenmuster stricken, die ersten und letzten 4 M als Randm arbeiten. Dann 1 M (2 M) abnehmen und zwischen den je 4 Randm weiter im Zopfmuster stricken. Nach 16 cm (18 cm) ab Anschlag für die Schultern beidseitig in jeder 2. R 3x 3 M (3x 4 M) abketten. In 16,5 cm (18,5 cm) Höhe für den hinteren Halsausschnitt die mittleren 34 M (35 M) abketten und beidseitig davon in jeder 2. R 1x 6 M und 1x 5 M abketten. Das Vorderteil wie das Rückenteil arbeiten, jedoch für den vorderen Halsausschnitt bereits in 11 cm (13 cm) Höhe die mittleren 16 M (17 M) abketten, beidseitig davon in jeder 2. R 1x 4 M, 2x 3 M, 4x 2 M und 2x 1 M abketten. Die Schulterabnahmen wie beim Rückenteil arbeiten.

Die Schulternähte schließen. Aus dem rückwärtigen Halsausschnitt 44 M (46 M) und aus dem vorderen Halsausschnitt 58 M (60 M) auffassen = 102 M (106 M). 11 cm im Bündchenmuster stricken, dann alle M locker abketten.

Schnitt Schlupfschal

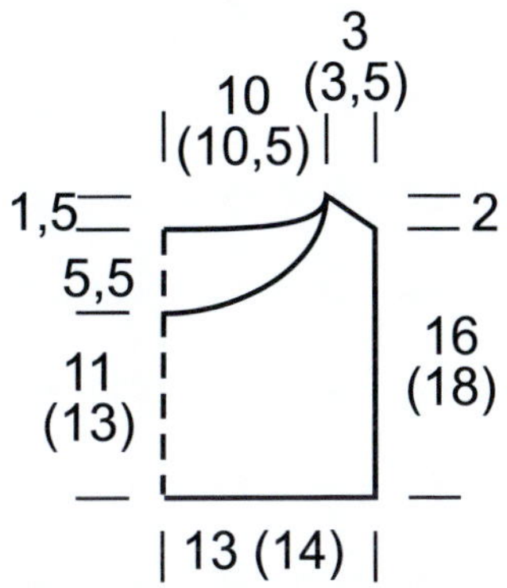

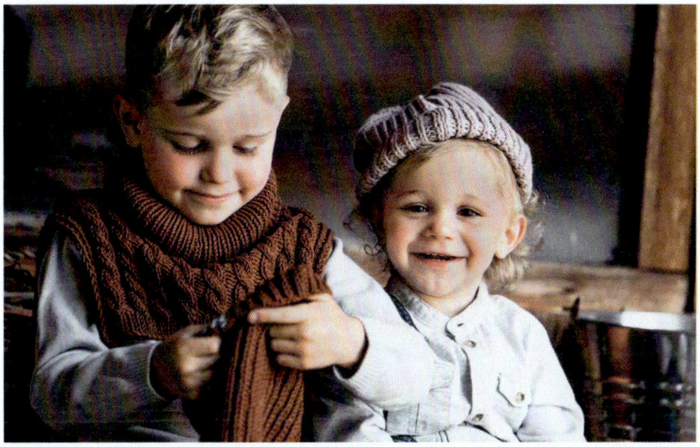

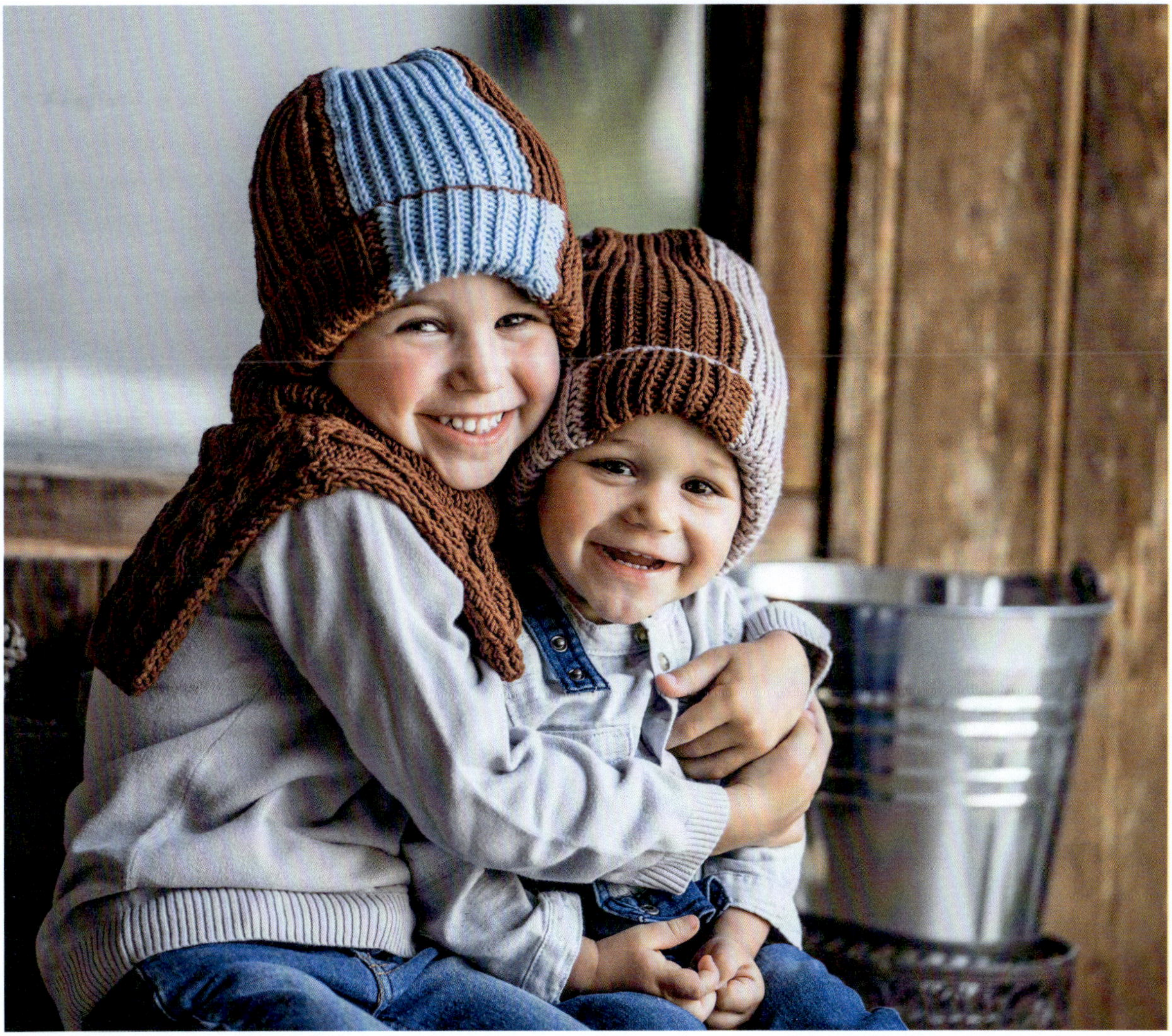

Auf nach Birkenlund

STIRNBAND LILI ✻ STECKSCHAL LOTTA ✻ MUFF FRIDA

GRÖSSEN Stirnband: 48-50 cm (50-52 cm) Kopfumfang; Schal: 82 cm lang, 15 cm breit; Muff: 26 cm Umfang, 20 cm breit

MATERIAL Lana Grossa Cool Wool Big (100% Schurwolle; LL = 120 m/50 g): **für das Stirnband** 50 g Fliederrosa meliert (Fb 217); Stricknadeln in 4 mm, Häkelnadel in 5 mm

Lang Yarns Malou Light (72% Alpaka, 16% Polyamid, 12% Wolle; LL = 190 m/50 g): **für den Steckschal** 50 g Altrosa (Fb 887.0148); Stricknadeln in 5 mm

Lana Grossa Bingo (100% Schurwolle, LL = 80 m/50 g): **für den Muff** 100 g Fliederrosa meliert (Fb 317) und 50 g Pflaume (Fb 194); Nadelspiel in 5 mm, 2 Spielnadeln in 4,5 mm, Häkelnadel in 5 mm, Pompon Set Durchmesser 3,5 cm

MUSTER **Kraus rechts:** In Hin- und RückR: rechte M, in Rd: 1 Rd rechte M, 1 Rd linke M im Wechsel stricken.

Glatt rechts in Rd: in allen Rd rechte M stricken.

Randmasche: Stirnband: In jeder R die 1. M rechts stricken, die letzte M abheben. Schal: 1. und letzte M jeder R rechts stricken.

Linksgeneigte Zunahme: Mit der linken Nadel von vorne nach hinten unter dem Querfaden einstechen und den Querfaden rechts verschränkt stricken.

Noppe: Aus 1 M 5 neue M herausstricken (1 M rechts, 1 Umschlag, 1 M rechts, 1 Umschlag, 1 M rechts), wenden, 5 M links stricken, wenden, 5 M rechts stricken, wenden, 5 M links stricken, wenden, 2x 2 M rechts zusammen, 1 M rechts, dann nacheinander die mittlere und die rechte M über die linke M ziehen. ▼

Stirnband Lilli

Mit der Häkelnadel und einem kontrastfarbenen Hilfsfaden ca. 20 Luftm häkeln. Aus den Querschlingen auf der Rückseite der Luftm-Kette mit dem Originalgarn 12 M (14 M) herausstricken. 1 R rechte M zwischen den Randm stricken.

1. Rückreihe (und alle RückR): Randm, bis zu den letzten 5 M rechts, 1 M link, 3 M rechts, Randm.

*** **In der folgenden Hinreihe:** Randm, bis zur letzten M rechts, 1 linksgeneigte Zunahme, Randm. Dann 1 RückR arbeiten. Diese beiden R noch 5x (6x) wiederholen = 18 M (21 M) und 12 R (14 R).

Noppen-Reihe (HinR): Randm, 7 M (8 M) rechts, 1 Noppe, bis zu den letzten 3 M rechts, 2 M rechts zusammen, Randm. Dann 1 RückR arbeiten = 17 M (20 M) und 2 R.

In der folgenden Hinreihe: Randm, bis zu den letzten 3 M rechts, 2 M rechts zusammen, Randm. Dann 1 RückR arbeiten. Diese beiden R noch 4x (5x) wiederholen = 12 M (14 M) und 10 R (12 R).

Die 24 R (28 R) ab *** insgesamt 6x arbeiten. Dann die M stilllegen. Die Luftm-Kette des Anschlags aufziehen, die M auf einer Nadel auffangen und mit den stillgelegten M im Maschenstich (siehe S. 74) verbinden. ▼

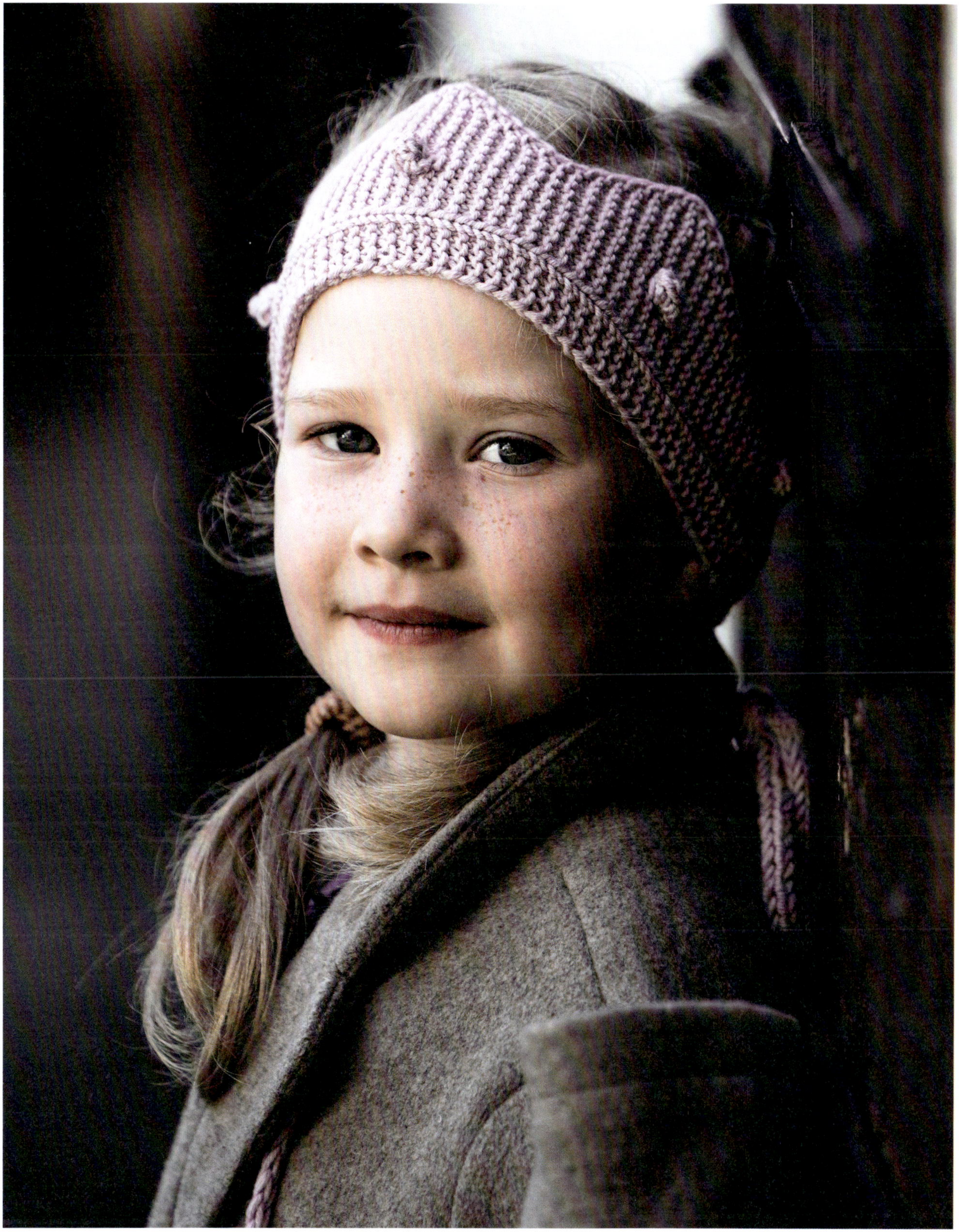

Ajourmuster: Nach Strickschrift arbeiten. Es sind die HinR notiert, in den RückR alle M links stricken. Ränder und Randm werden in der Anleitung beschrieben.

MASCHENPROBE Kraus rechts (Nadel 4 mm): 24 M x 41 R = 10 cm x 10 cm; Ajourmuster (Nadel 5 mm): 17 M x 26 R = 10 cm x 10 cm; Kraus rechts (Nadel 5 mm): 18 M x 36 R = 10 cm x 10 cm; Glatt rechts (Nadel 5 mm): 17 M x 28 R = 10 cm x 10 cm

Strickschrift Steckschal

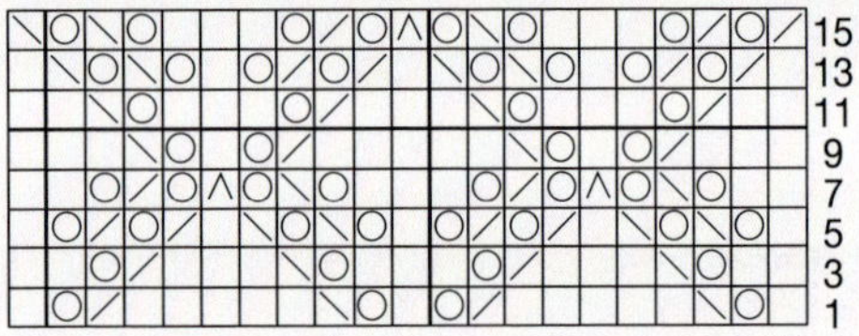

Zeichenerklärung:

- □ = 1 M rechts
- ◯ = 1 Umschlag
- ╱ = 2 M rechts zusammen
- ╲ = 1 Überzug (1 M wie zum Rechtsstricken abheben, 1 M rechts, dann die abgehobene M überziehen)
- ∧ = 1 doppelter Überzug (1 M wie zum Rechtsstricken abheben, 2 M rechts zusammen, dann die abgehobene M überziehen)

Steckschal Lotta

27 M anschlagen und 8 R kraus rechts stricken. Dann in folgender Einteilung nach Strickschrift arbeiten: Randm, 2 M rechts, 21 M Ajourmuster, 2 M rechts, Randm. In den RückR die ersten 3 M und die letzten 3 M rechts, die 21 M in der Mitte links stricken.

Nach 58 cm ab Anschlag die Arbeit nach den ersten 14 M für den Steckschlitz teilen und beide Seiten über 9 cm getrennt arbeiten, dabei an der inneren Schlitzkante die äußeren 2 M kraus rechts stricken, die übrigen M im bisherigen Muster weiterarbeiten. Dann wieder über alle 27 M stricken. Nach 80 cm und dem Ende eines Rapports noch 8 R kraus rechts arbeiten, dann als M locker abketten. ▼

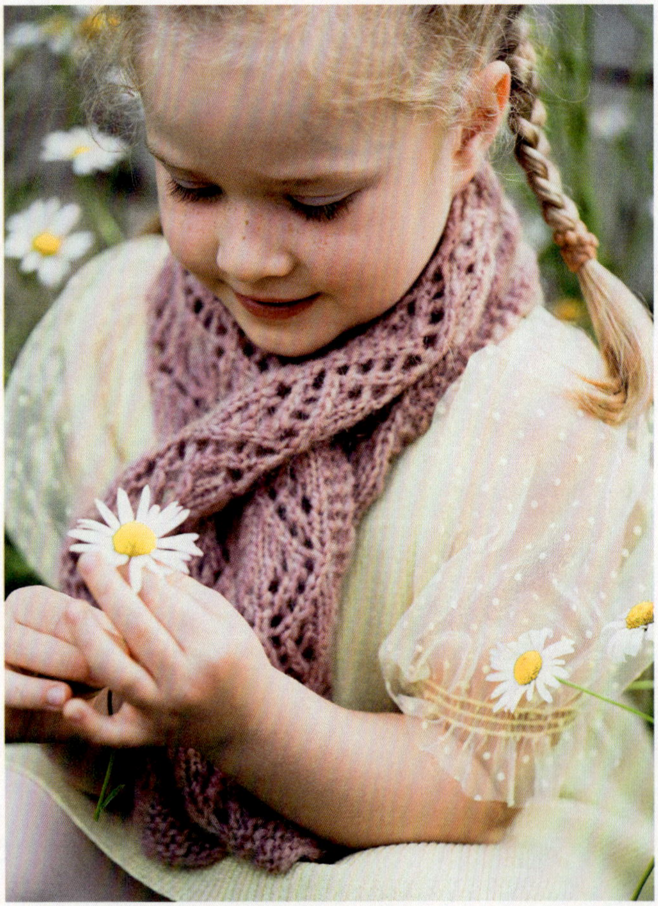

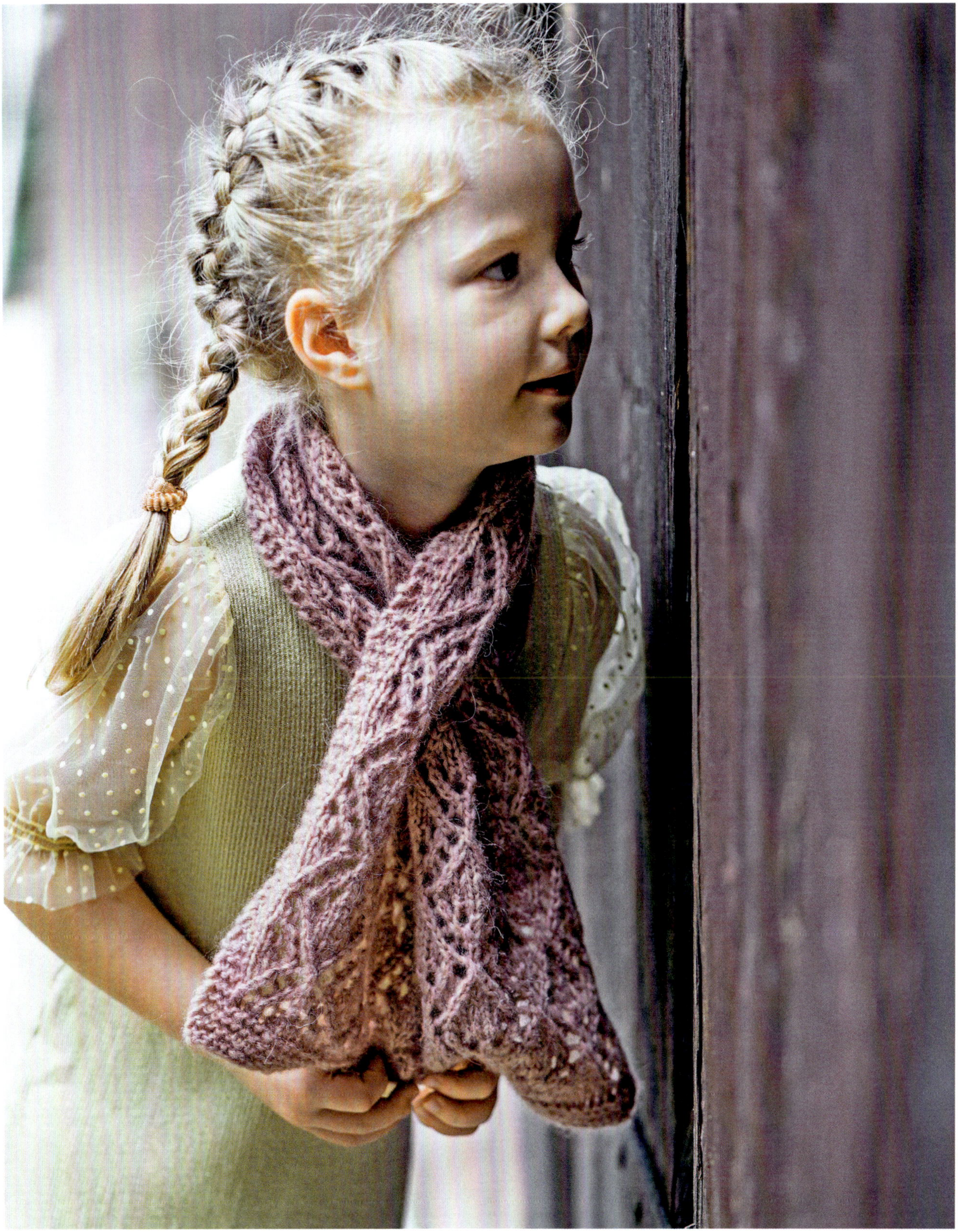

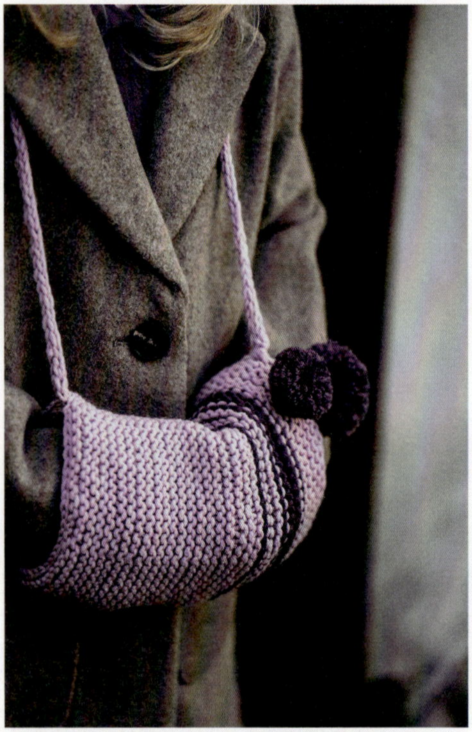

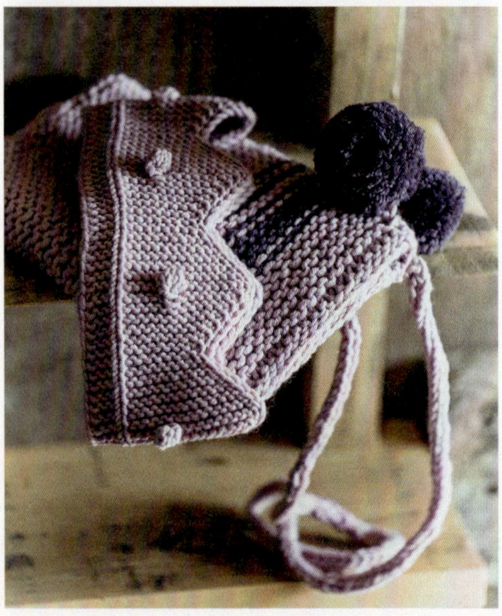

Muff Frida

Für den Außenmuff 46 M mit Fliederrosa meliert anschlagen, die M auf 4 Nadeln des Nadelspiels verteilen (= 11+12+11+12 M) und 4 cm = 15 Rd kraus rechts stricken, mit einer rechts gestrickten R enden. Bei allen folgenden Farbwechseln jeweils mit einer links gestrickten Rd beginnen: 6 Rd in Pflaume, 4 Rd in Fliederrosa meliert, 2 Rd in Pflaume und 46 Rd in Fliederrosa meliert arbeiten = 73 Rd und 20 cm Höhe. Dann alle M locker abketten.

Für den Innenmuff 44 M mit Fliederrosa meliert anschlagen, die M auf 4 Nadeln des Nadelspiels verteilen (11 M pro Nadel) und 20 cm = 73 Rd glatt rechts stricken. Dann alle M abketten.

Für die Kordel 3 M in Fliederrosa meliert mit Nadeln in 4,5 mm anschlagen, * die M an das andere Ende der Nadel schieben, so dass der Faden an der letzten M hängt, den Faden hinter der Arbeit entlang wieder zur 1. M holen und alle 3 M rechts stricken; ab * wiederholen, bis die Kordel unter leichtem Zug ca. 90 cm misst. Den Faden abschneiden, mit einer Wollnadel nach innen ziehen und vernähen. Die Enden der Kordel an die beiden Seiten des Außenmuffs nähen. Den Innenmuff in den Außenmuff schieben (glatt rechte Seite sichtbar) und die Kanten des Außen- und des Innenmuffs mit Kett-M zusammenhäkeln. 2 Pompons in Pflaume anfertigen und an der Seite mit dem Streifen annähen.

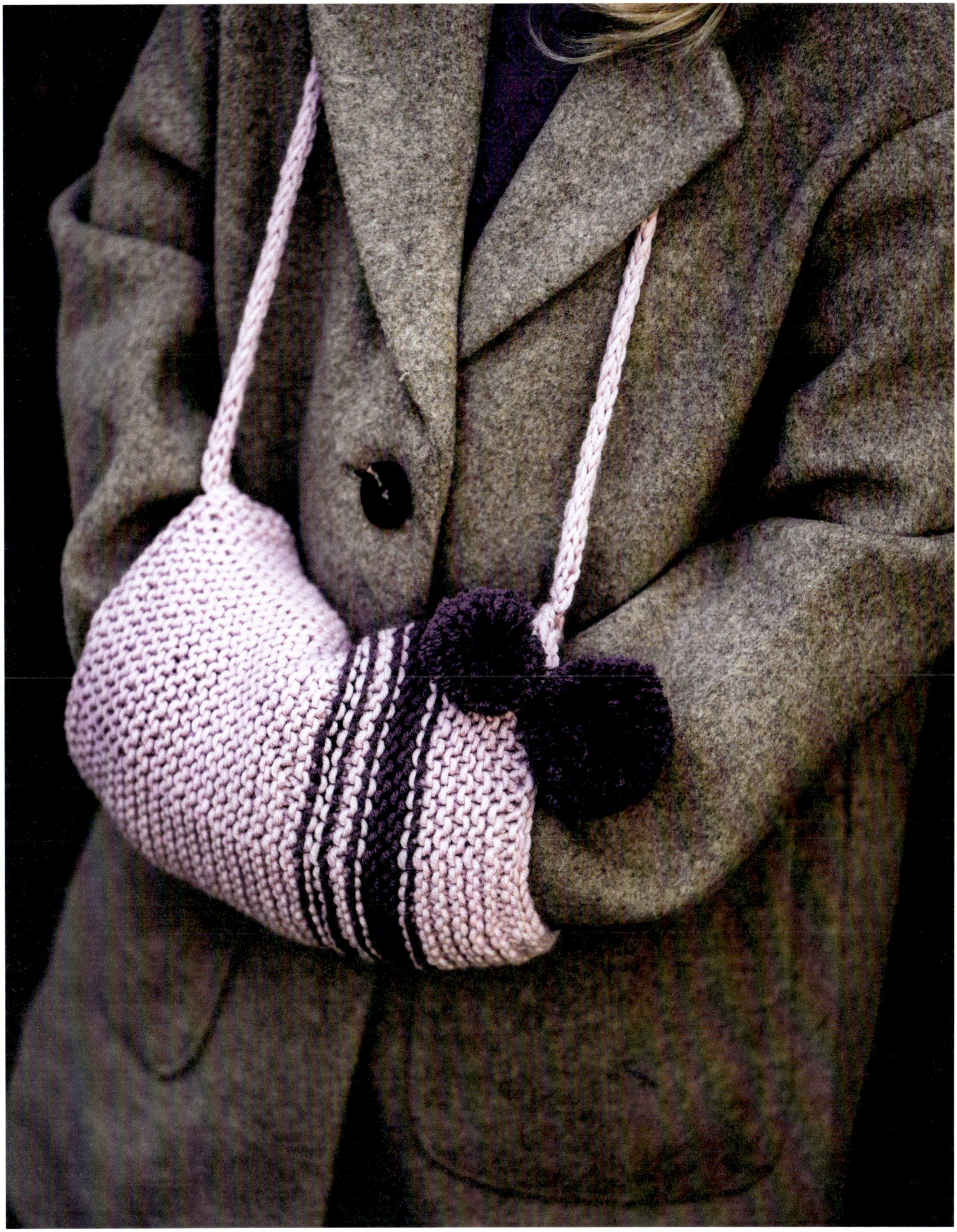

Bei uns in Lönneberga

FÄUSTLINGE MATS ✻ SCHAL PELLE ✻ MÜTZE LUCA

GRÖSSEN Fäustlinge: 12 cm (14 cm) Handumfang = 3-4 Jahre (5-6 Jahre); Schal: 125 cm lang, 16 cm breit; Mütze: 48-50 cm (50-52 cm/ 52-54 cm) Kopfumfang

MATERIAL Lang Yarns Merino+ (100% Schurwolle; LL = 90 m/50 g): **für die Fäustlinge** 50 g Blau (Fb 152.0234), Rest in Mint (Fb 152.0074) und Grau melange (Fb 152.0224); Nadelspiel in 4,5 mm; **für den Schal** 150 g Camel (Fb 152.0139), 50 g Mint; Stricknadeln in 5 mm; ein Pomponset Durchmesser 6,5 cm; **für die Mütze** je 50 g Mint, Camel und Blau; Nadelspiel in 4,5 mm

MUSTER **Bündchenmuster:** 1 M rechts, 1 M links im Wechsel stricken.

Kraus rechts: In Hin- und RückR: rechte M, in Rd: 1 Rd rechte M, 1 Rd linke M im Wechsel stricken.

Rechtsgeneigte Zunahme: Nach der Randm mit der linken Nadel den Querfaden von hinten nach vorne aufnehmen und rechts stricken (und dabei nach rechts verdrehen).

Linksgeneigte Zunahme: Vor der Randm mit der linken Nadel den Querfaden von vorne nach hinten aufnehmen und rechts verschränkt stricken (und dabei nach links verdrehen).

Linksgeneigte Abnahme: Nach der Randm 1 M wie zum Rechtsstricken abheben, 1 M rechts, dann die abgehobene M überziehen.

Rechtsgeneigte Abnahme: Vor der letzten Randm 2 M rechts zusammen.

Randm (Schal): Die 1. und letzte M jeder R rechts stricken. ▼

Fäustlinge Mats

Für den linken Handschuh 24 M (28 M) in Mint anschlagen, auf die 4 Nadeln des Nadelspiels verteilen (= 7 M pro Nadel), zur Rd schließen und im Bündchenmuster stricken. Nach 1,5 cm auf Grau melange wechseln, nach 2 cm auf Blau wechseln. Nach 7 cm (8 cm) ab Anschlag glatt rechts weiterarbeiten, dabei in der 5. Rd für den Daumenkeil bis zur letzten M der 1. Nadel stricken, vor und nach der M jeweils 1 M rechts verschränkt aus dem Querfaden zunehmen. Die Zunahmen noch 2x in jeder 3. Rd vor und nach den letzten Zunahmen wiederholen = 7 M für den Daumen. Noch 1 Rd über alle M stricken, dann die M für den Daumen auf einer Sicherheitsnadel stilllegen.

Über die anderen M in Rd weiterarbeiten, für den Daumensteg oberhalb der stillgelegten M für den Daumen 1 M dazu anschlagen. Nach 14 cm (15 cm) ab Anschlag mit der 1. und der 3. Nadel bis zu den letzten 3 M rechts stricken, 2 M rechts zusammen, 1 M rechts und mit der 2. und der 4. Nadel die 1. M rechts, 1 Überzug (1 M rechts abheben, 1 M rechts stricken, die abgehobene M überziehen), die restlichen M rechts stricken. Diese Abnahmen noch 1x in jeder 3. Rd, 1x in jeder 2. Rd, 1x (2x) in jeder Rd wiederholen = 8 M. Die restlichen 8 M mit einem Faden zusammenziehen oder im Maschenstich miteinander verbinden. Die stillgelegten M für den Daumen aufnehmen und mit Mint weiterarbeiten. ▼

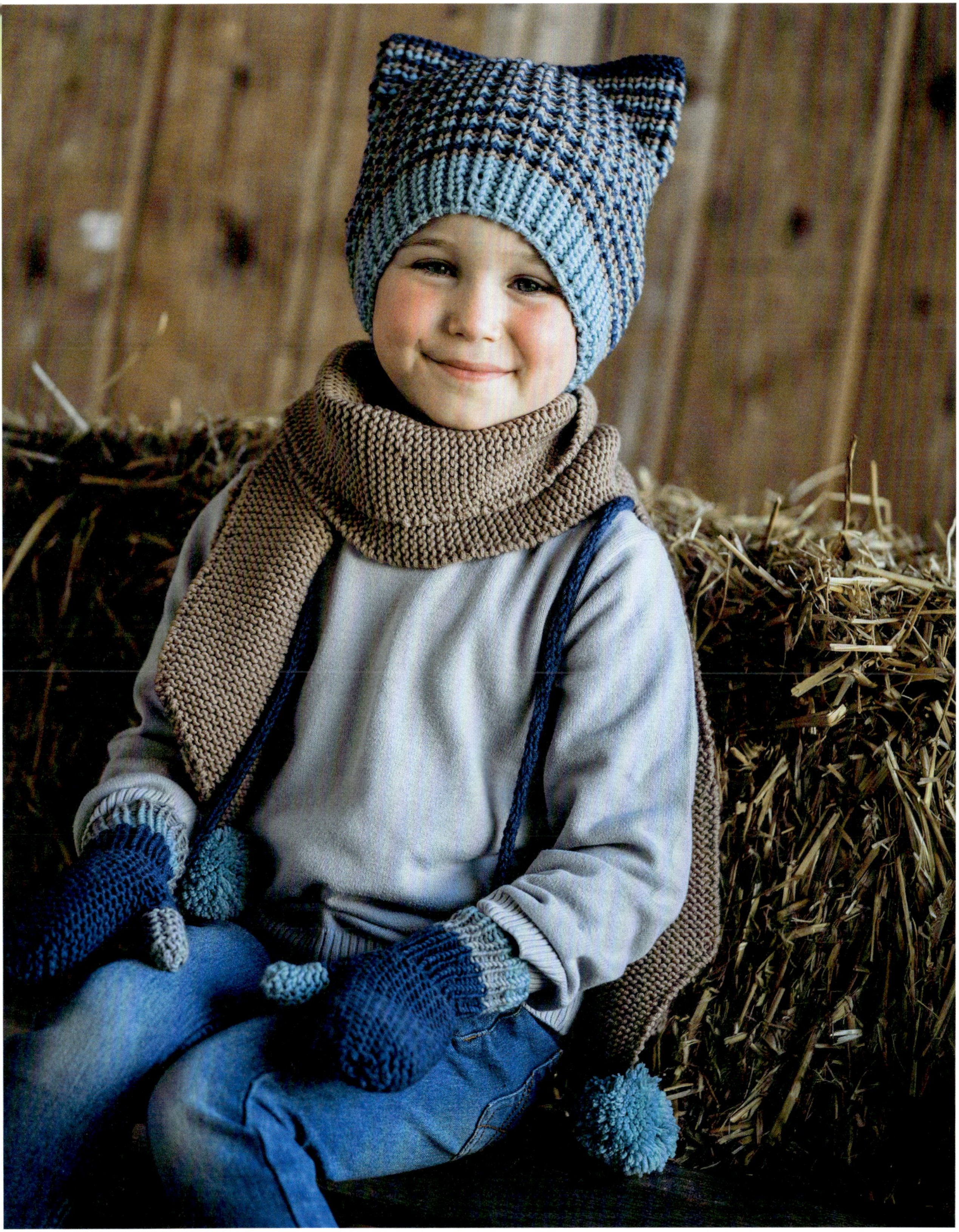

Halbpatent in Rd: 1. Rd: 1 M rechts, 1 M links im Wechsel. **2. Rd:** * 1 M rechts, 1 M mit 1 Umschlag abheben; ab * wiederholen. **3. Rd:** * 1 M rechts, 1 M mit dem Umschlag der Vorrunde links zusammen; ab * wiederholen. Die 2.-3. Rd fortlaufend wiederholen.

MASCHENPROBE Kraus rechts (Nadel 4,5 mm): 20 M x 42 Rd = 10 cm x 10 cm; Kraus rechts (Nadel 5 mm): 19 M x 38 R = 10 cm x 10 cm; Halbpatent (Nadel 4,5 mm): 21 M x 48 Rd = 10 cm x 10 cm

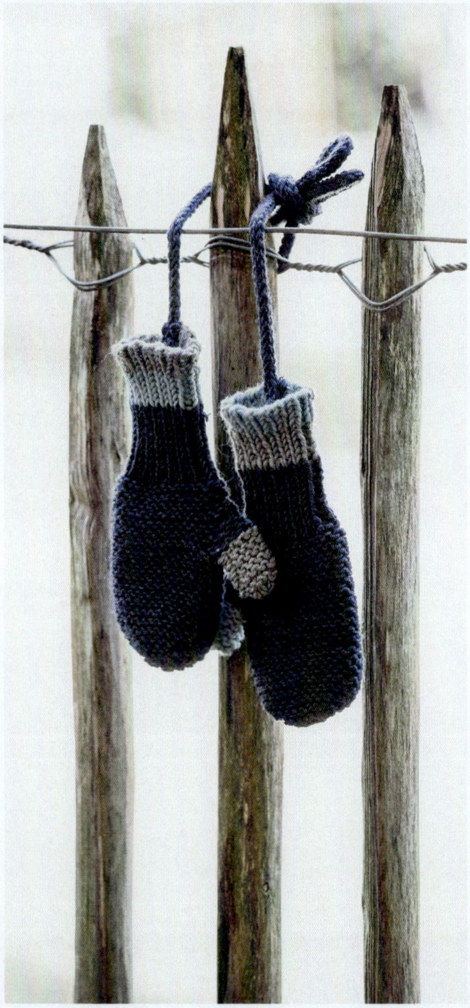

Um die M zur Rd zu schließen, 1 M rechts verschränkt aus dem Querfaden zwischen der letzten Daumen-M und der Daumensteg-M zunehmen, 1 M aus der Daumensteg-M und 1 M rechts verschränkt aus dem Querfaden zwischen der Daumensteg-M und der 1. Daumen-M = 10 M. Die M auf 3 Nadeln verteilen und bis zu einer Höhe von 4 cm stricken. Dann fortlaufend je 2 M rechts zusammen. Den Faden abschneiden und durch die letzten 5 M ziehen.

Den rechten Handschuh in folgenden Farben gegengleich arbeiten: Das Bündchen über 1,5 cm Grau und 2 cm Mint beginnen und mit Blau weiterarbeiten. Die Zunahmen für den Daumenkeil vor und nach der 1. M der 4. Nadel vornehmen, den Daumen in Grau arbeiten.

Für das Band 3 M anschlagen, * die M an das andere Ende der Nadel schieben, den Faden hinter der Arbeit entlang wieder zur 1. M holen und alle 3 M rechts stricken; ab * wiederholen, bis die Kordel unter leichtem Zug ca. 90 cm misst. Den Faden abschneiden, mit einer Wollnadel nach innen ziehen und vernähen und die Kordelenden an der Innenseite der beiden Handschuhe annähen.

Schal Pelle

3 M in Camel anschlagen und kraus rechts arbeiten. In der 3. R (HinR) mit den Zunahmen beginnen: Randm, 1 rechtsgeneigte Zunahmen, 1 M rechts, 1 linksgeneigte Zunahme, Randm. Die Zunahmen noch 13x in jeder 2. R wiederholen, die neu hinzugekommenen M in der Mitte dabei kraus rechts stricken = 31 M. Bis zu einer Höhe von 118 cm ab Anschlag weiter gerade hoch, dann in einer HinR mit den Abnahmen beginnen: Randm, 1 linksgeneigte Abnahme, bis 3 M vor Ende der R kraus rechts, 1 rechtsgeneigte Abnahme, Randm. Die Abnahmen in jeder 2. R wiederholen, bis nur noch 3 M übrig sind. In der folgenden Hinr die 3 M abketten. 2 Pompons in Mint anfertigen und an beiden Enden des Schals annähen.▼

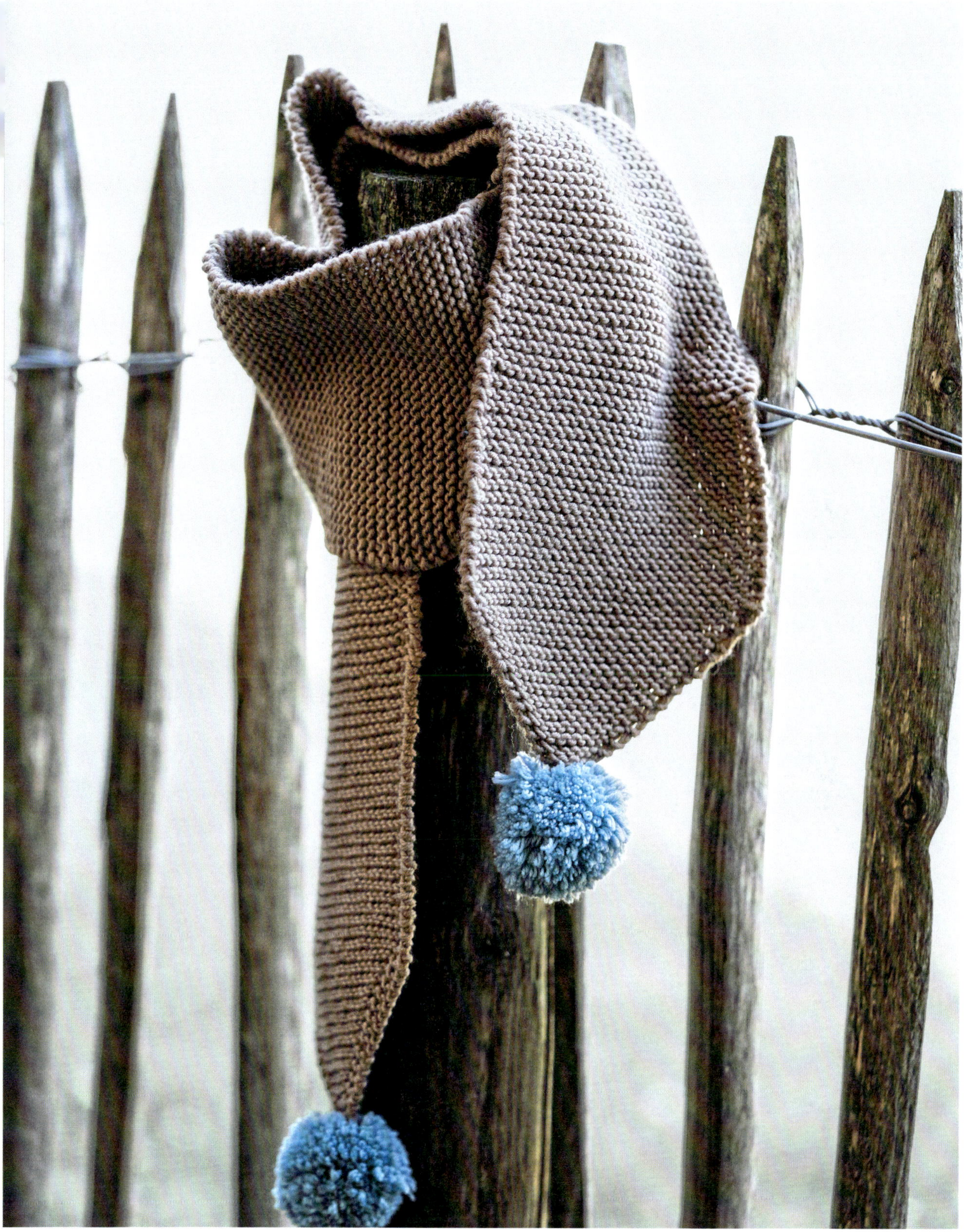

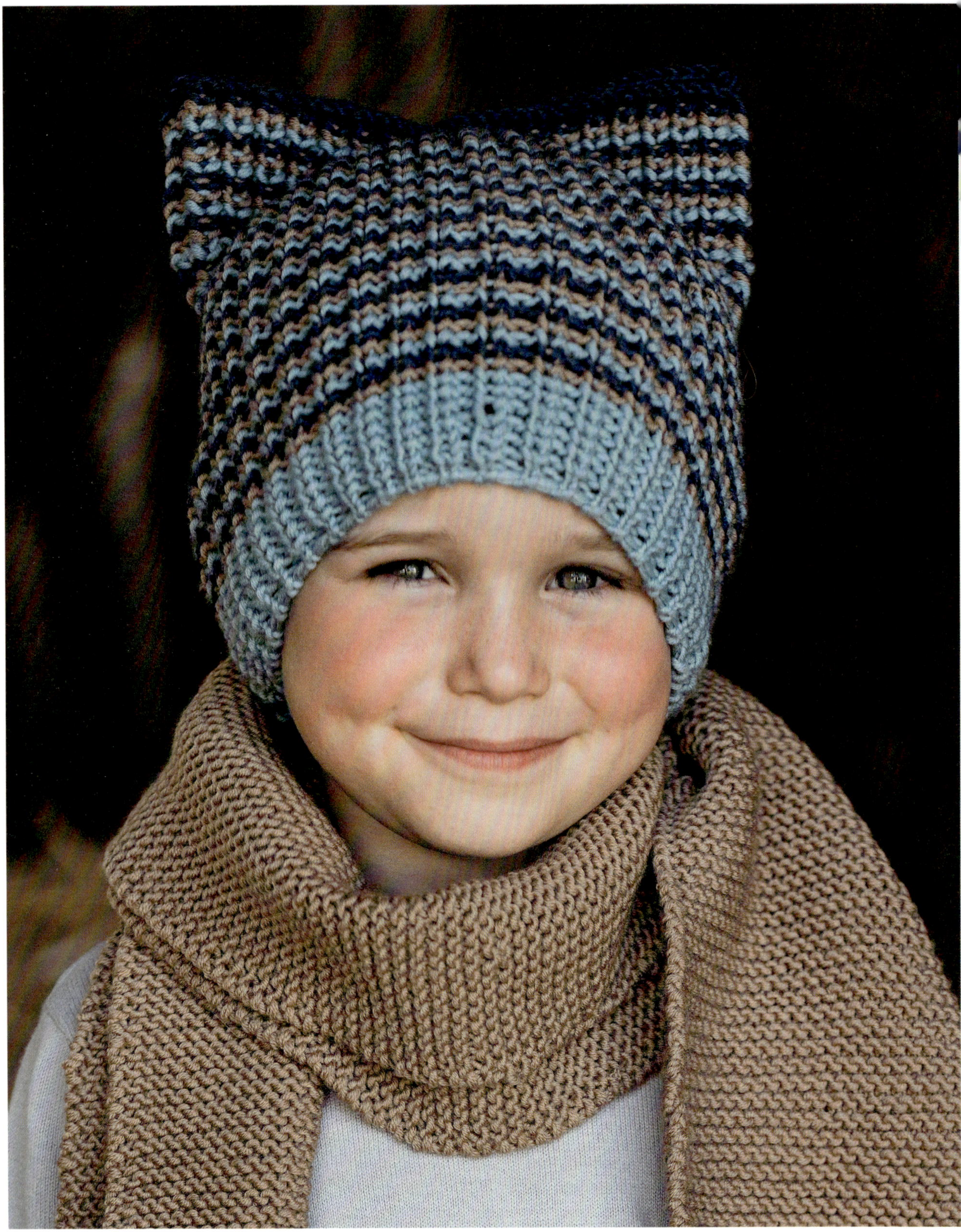

Mütze Luca

72 (76/80) M in Mint anschlagen, gleichmäßig auf 4 Nadeln des Nadelspiels verteilen (je 18 (19/20) M pro Nadel), zur Rd schließen und im Halbpatentmuster stricken. Nach 4,5 cm in folgender Streifenfolge weiterarbeiten: * 2 Rd Camel, 2 Rd Blau, 2 Rd Mint; ab * fortlaufend wiederholen. Nach 21 cm ab Anschlag noch 1 Rd rechte M, 1 Rd linke M und 1 Rd rechte M stricken. Dann die M auf 2 Nadeln nehmen (je 36 (38/40) M pro Nadel), die Nadeln gegeneinanderlegen und wie folgt abketten: 1 M der vorderen und 1 M der hinteren Nadel zusammen, * 1 M der vorderen und 1 M der hinteren Nadel zusammen, dann die 1. M über die 2. M ziehen; ab * fortlaufend wiederholen, bis alle M abgekettet sind. Den Faden abschneiden, mit einer Wollnadel nach innen ziehen und vernähen.

Alle übrigen Fäden vernähen. Für die Katzenohren an den Seiten beidseitig folgende Stellen markieren: an beiden Seiten jeweils in 15 cm Höhe ab Anschlag, 2x in 19,5 cm Höhe und an beiden Seiten um 8 cm in die Mitte versetzt. Jeweils von der Markierung am Rand bis zur Markierung in der Mitte den vorderen Mützenteil mit dem hinteren Teil durch Vorstiche schräg aneinandernähen.

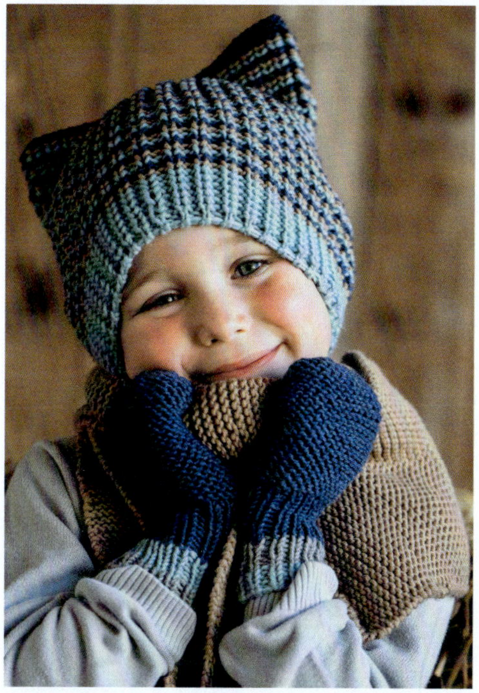

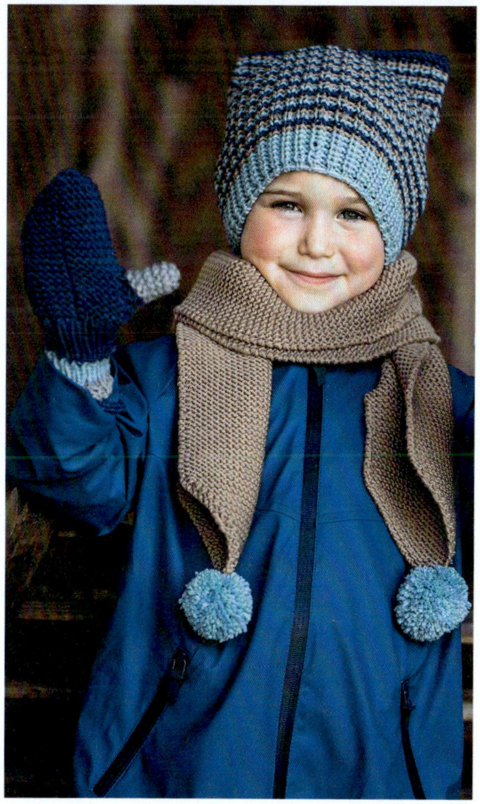

Hier in Småland

KAPUZENSCHAL SMILLA ✻ ZIERKRAGEN ROMY ✻ ARMSTULPEN CLEO

GRÖSSEN Schal: 110/116 (122/128); Stulpen: 12 cm (14 cm) Umfang, 17 cm (22 cm) hoch = Größe 104/110 (116/122); Zierkragen in beliebiger Länge

MATERIAL ggh Andania (100% Alpaka; LL = 50 m/50 g): **für den Kapuzenschal** 250 g Helles Khaki (Fb 031); Stricknadeln in 6 mm
Lang Yarns Merino 150 (100% Schurwolle; LL = 150 m/50 g): **für die Stulpen** je 50 g Mint (Fb 197.0273) und Blush (Fb 197.0027) und Lang Yarns Alpaca Superlight (54% Alpaka, 24% Polyamid, 22% Wolle; LL = 199 m/25 g): je 25 g Mint (Fb 749.0058) und Blush (Fb 749.0128); Nadelspiel in 4 mm
Lana Grossa Ecopuno (72% Baumwolle, 17% Schurwolle, 11% Alpaka; LL 215 m/50 g): **für den Zierkragen** 50 g in Silbergrau (Fb 45) oder in Minttürkis (Fb 44); Stricknadeln in 4 mm

MUSTER **Glatt rechts:** In Hinr alle M rechts, in Rückr alle M links stricken.
Glatt links: In Hinr alle M links, in Rückr alle M rechts stricken.
Bündchenmuster: 1 M rechts, 1 M links im Wechsel arbeiten.
Knötchenrand: Die 1. und die letzte M jeder R rechts stricken.
Rippenmuster in Rd: 2 M rechts, 2 M links im Wechsel stricken.
Hebemaschenmuster: Jede rechte M rechts stricken, jede linke M mit dem Faden vor der Arbeit abheben. ▼

Kapuzenschal Smilla

Für die Kapuze 66 M (68 M) anschlagen und 3 cm im Bündchenmuster stricken, danach weiter glatt rechts. In 15 cm (17 cm) Höhe ab Anschlag in der Mitte einen doppelten Überzug mit aufliegender Mittelmasche arbeiten (= 2 M zusammen wie zum Rechtsstricken abheben, 1 M rechts, dann die abgehobenen M über die letzte M ziehen). Diese Abnahme noch 5x in jeder 2. R wiederholen = 54 M (56 M). Dann weiter gerade hoch. Nach 20 cm (22 cm) ab Anschlag die restlichen 54 M (56 M) auf 2 Nadeln zu je 27 M (28 M) verteilen, die Nadeln gegeneinanderlegen (= rückwärtige Kapuzennaht) und die M im Maschenstich (siehe S. 74) schließen.

Für den Schal 21 M (23 M) anschlagen und 3 cm im Bündchenmuster mit Knötchenrand stricken. Dann die M für die Tasche wie folgt einteilen: Randm, 4 M im Bündchenmuster, 11 M glatt links, 4 M Bündchenmuster, Randm.

Nach 10 cm ab Anschlag weiter in dieser Einteilung arbeiten, jedoch die mittleren glatt linken M nun glatt rechts stricken. Nach 120 cm (130 cm) ab Anschlag für die Tasche am anderen Ende die glatt rechts gestrickten mittleren M wieder glatt links stricken. In einer Gesamthöhe von 127 cm (137 cm) noch 3 cm im Bündchenmuster stricken, dann alle M abketten.

Die Teile spannen und unter feuchten Tüchern trocknen lassen. Die untere Kante der Kapuze an die mittleren 40 cm des Schals nähen, die Kapuzenkante dabei leicht einhalten. An den Enden des Schals die Taschen nach oben umschlagen und die seitlichen Kanten schließen. ▼

Schnitt Kapuze Seite 34

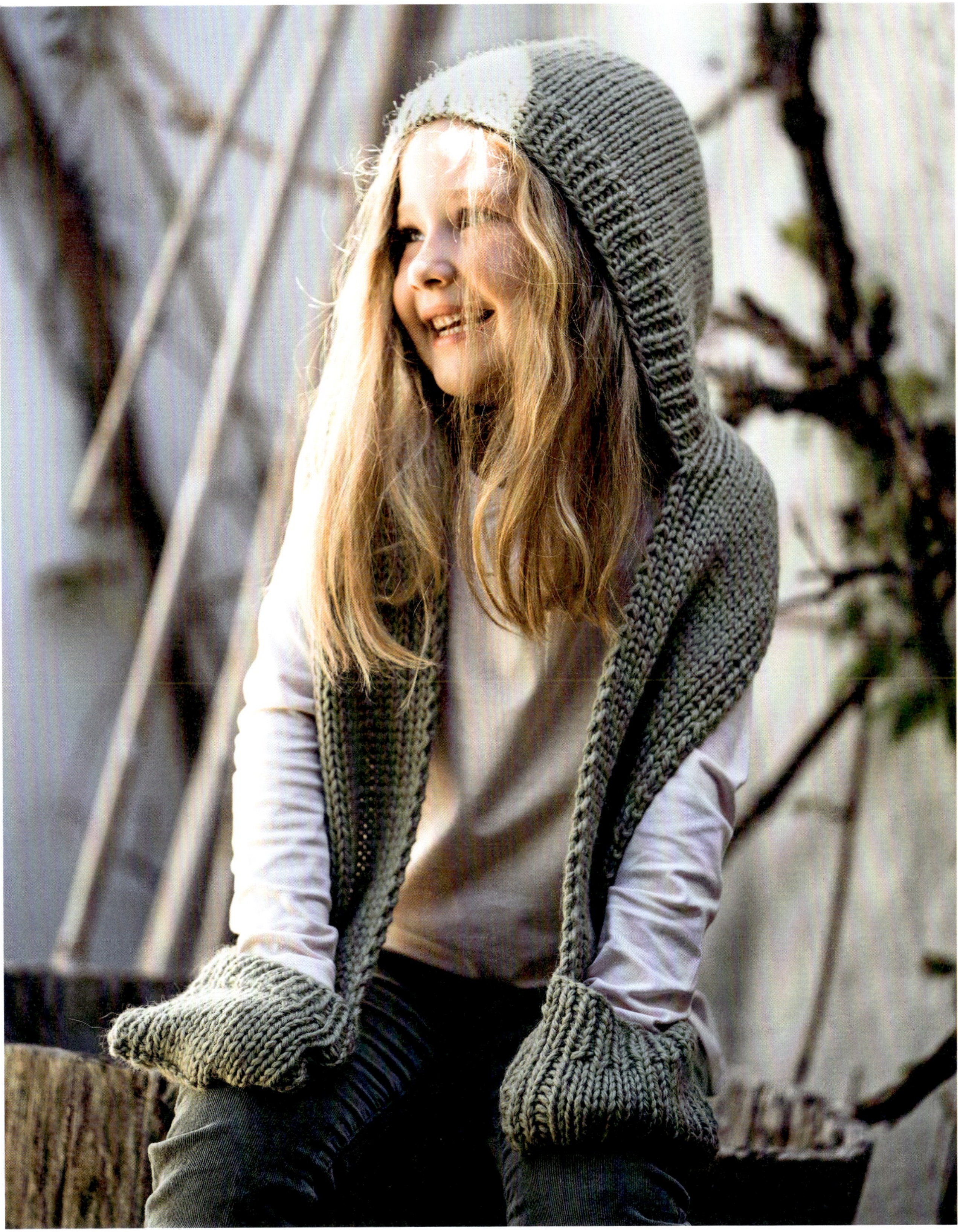

Rechte Rüsche und links Rüsche: Nach Strickschrift arbeiten. Es sind Hin- und RückR notiert, die M sind so notiert, wie sie gestrickt werden (in Hin- und RückR rechts notierte M ergeben ein kraus rechtes Maschenbild). Die Mzahl ändert sich im Rapportverlauf. Die 1.-4. R stets wiederholen. Die beiden Rüschen werden am Beginn und am Ende einer R gearbeitet, die Anleitung beschreibt die mittleren M. dann nacheinander die mittlere und die rechte M über die linke M ziehen.

MASCHENPROBE Glatt rechts (Nadel 6 mm): 13 M x 18 R = 10 cm x 10 cm; Rippenmuster (Nadel 4 mm): 24 M x 30 R = 10 cm x 10 cm; Hebemaschenmuster (Nadel 4 mm): 30 M x 40 R = 10 cm x 10 cm

Schnitt Kapuze

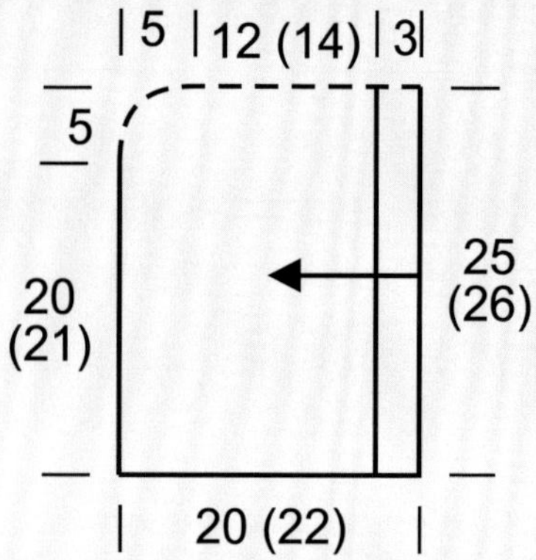

Zierkragen Romy

4 M anschlagen, * 4 M rechts, nicht wenden, sondern die M an das andere Ende der Nadel schieben, den Faden hinter der Arbeit wieder zur 1. M holen; ab * fortlaufend wiederholen bis zu einer Länge von 32 cm (leicht gedehnt gemessen). Am Ende der nächsten R 4 M dazu anschlagen (= 8 M), die Arbeit wenden, 3 M rechts stricken, die nächsten 5 M wie folgt: * 1 M mit dem Faden vor der Arbeit abheben, 1 M rechts; ab * noch 1x wiederholen, 1 M abheben, am Ende der R 3 M anschlagen (= 11 M).

2 Übergangs-R wie folgt über alle M arbeiten: 3 M rechts, 5 M Hebemaschenmuster, 3 M rechts. Dann in folgender Einteilung arbeiten: die ersten M als rechte Rüsche, 5 M im Hebemaschenmuster, die letzten M als linke Rüsche arbeiten. In 25 cm Höhe nach einer R 4 der Strickschriften wieder 2 Übergangs-R arbeiten (= 11 M). In der folgenden Hinr die ersten 3 M, in der folgenden Rückr die ersten 4 M wie folgt abketten: 2 M rechts zusammen, * die M zurück auf die linke Nadel heben und mit der folgenden M rechts zusammen; ab * wiederholen, bis nur noch 4 M übrig sind. Über diese 4 M wieder eine Kordel wie zu Beginn für weitere 40 cm arbeiten. Die M wie zuvor beschrieben abketten und die Fäden vernähen. ▼

Strickschrift linke Rüsche

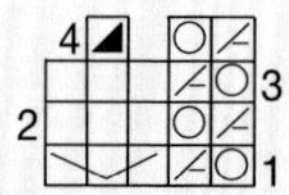

Strickschrift rechte Rüsche

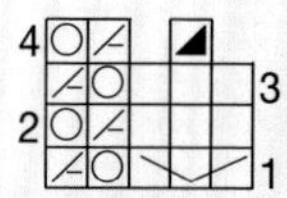

Zeichenerklärung:

= 1 M rechts

= 1 M rechts, 1 M rechts verschränkt, 1 M rechts (= 3 M) aus der M der VorR herausstricken (2 Zunahmen)

= 1 Umschlag

= 2 M links zusammen

= 3 M rechts, dann nacheinander die 2. und die 1. M über die 3. M ziehen

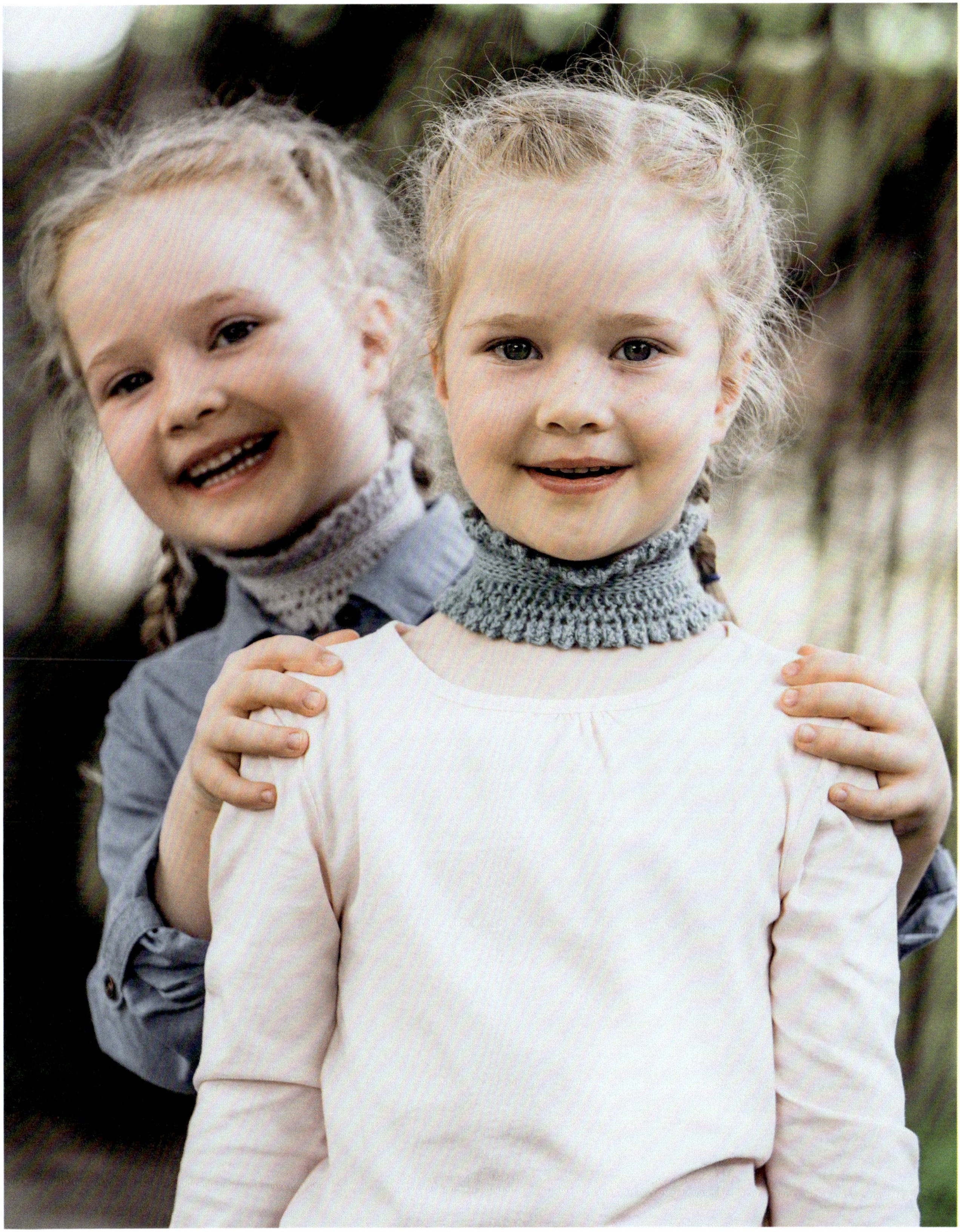

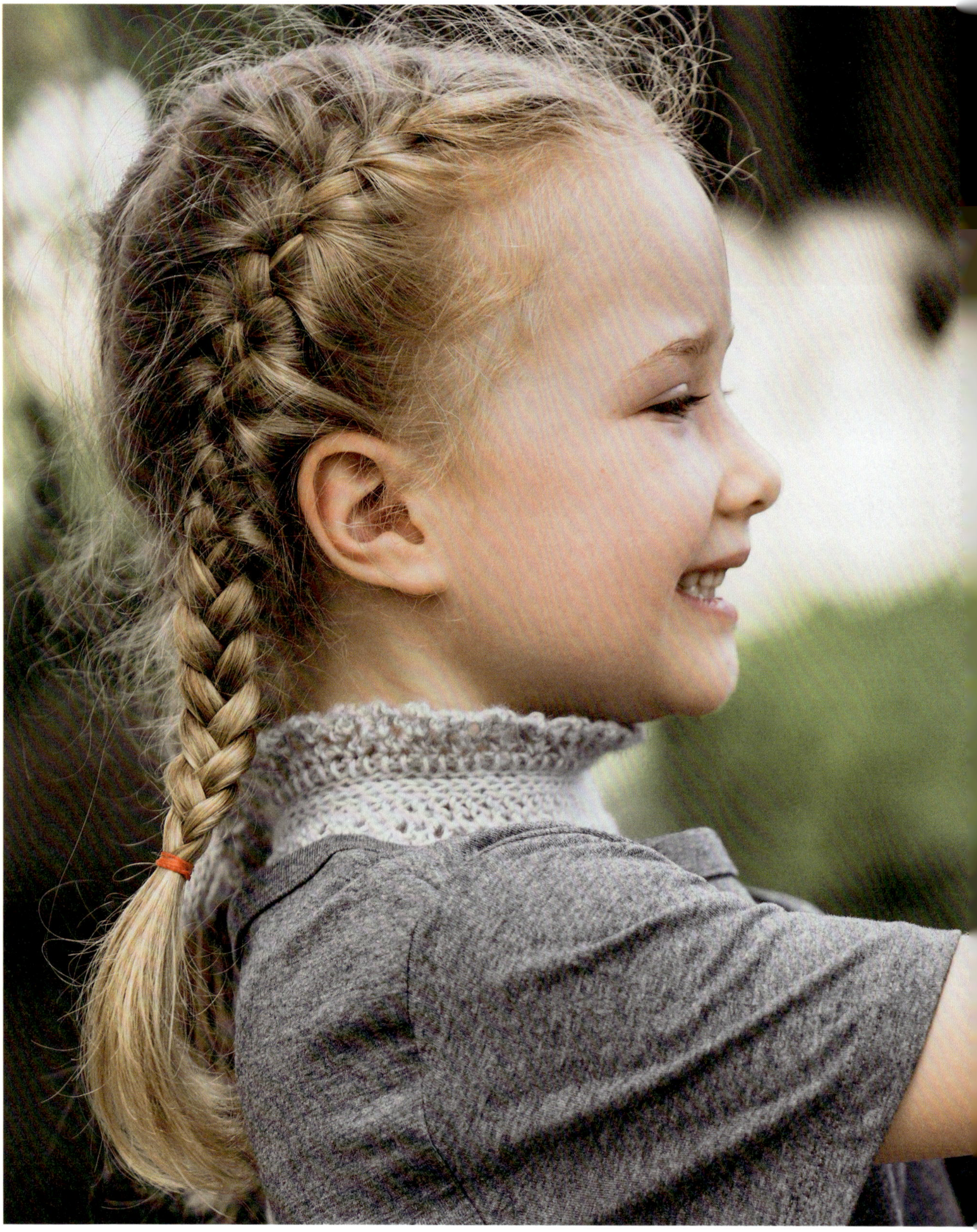

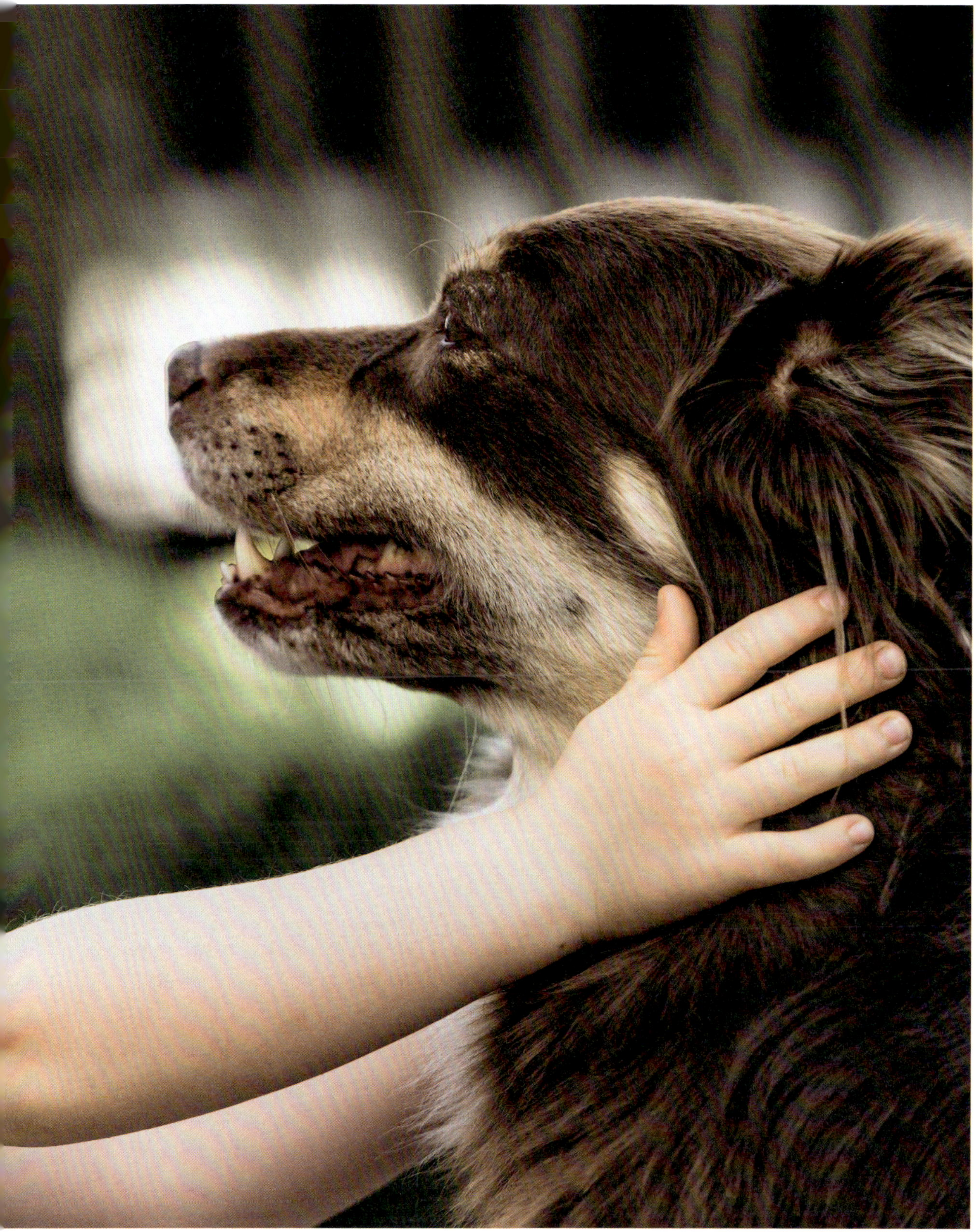

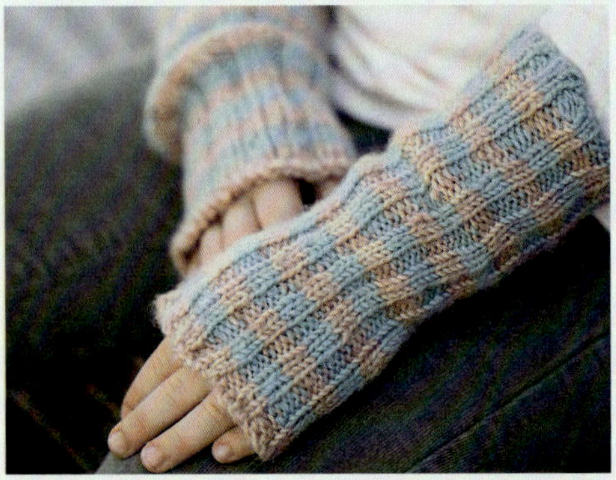

Armstulpen Cleo

Stets 2-fädig mit je 1 Faden Merino 150 und Alpaca Superlight in der jeweiligen Farbe arbeiten: 36 M (40 M) in Mint anschlagen, gleichmäßig auf 4 Nadeln verteilen (= 8 M (10 M) pro Nadel), zur Rd schließen und in folgender Farbfolge im Rippenmuster arbeiten: * 4 Rd Mint, 4 Rd Blush; ab * fortlaufend wiederholen. Nach 17 cm (22 cm) ab Anschlag, nach einem Streifen in Blush alle M abketten.

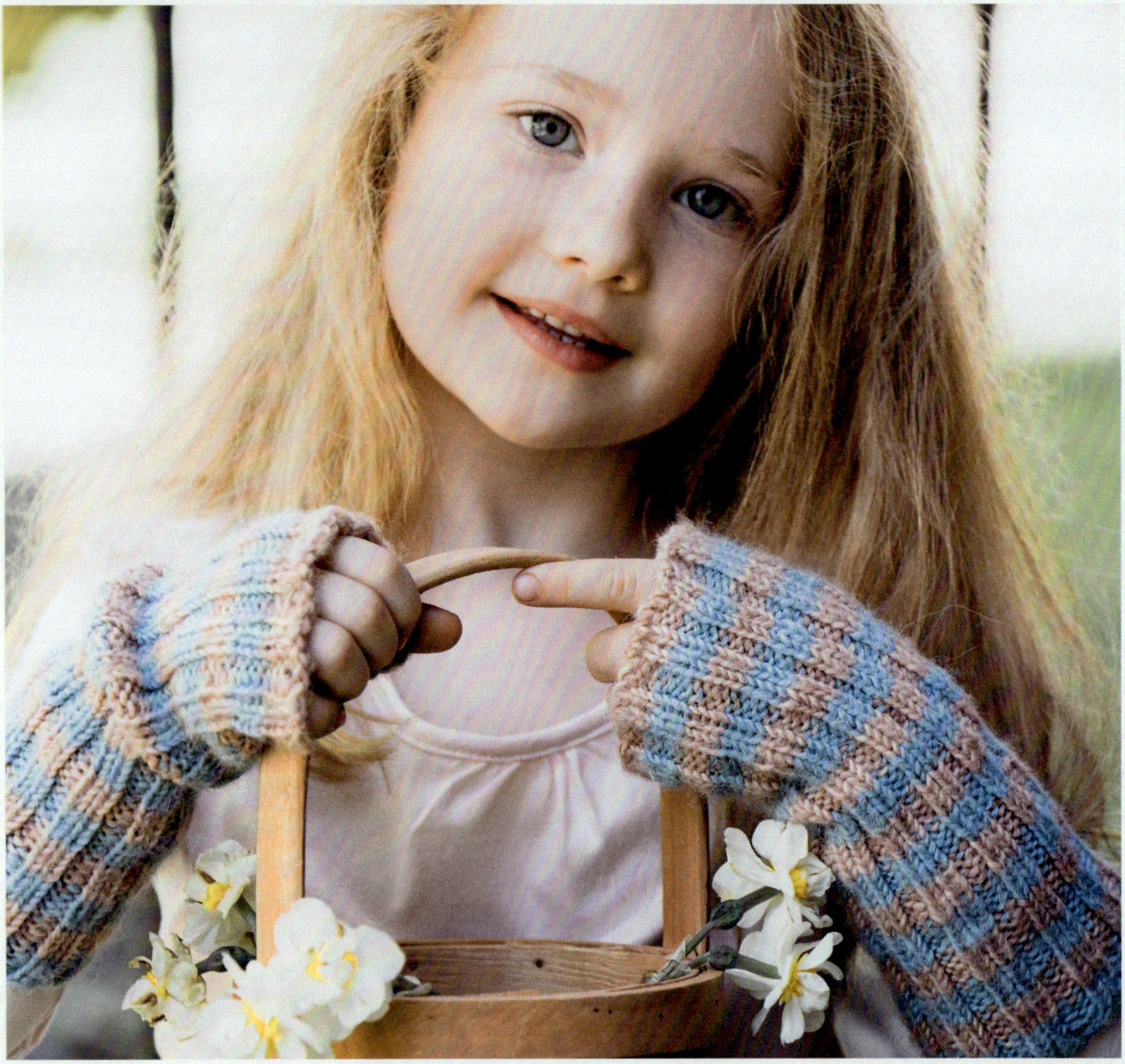

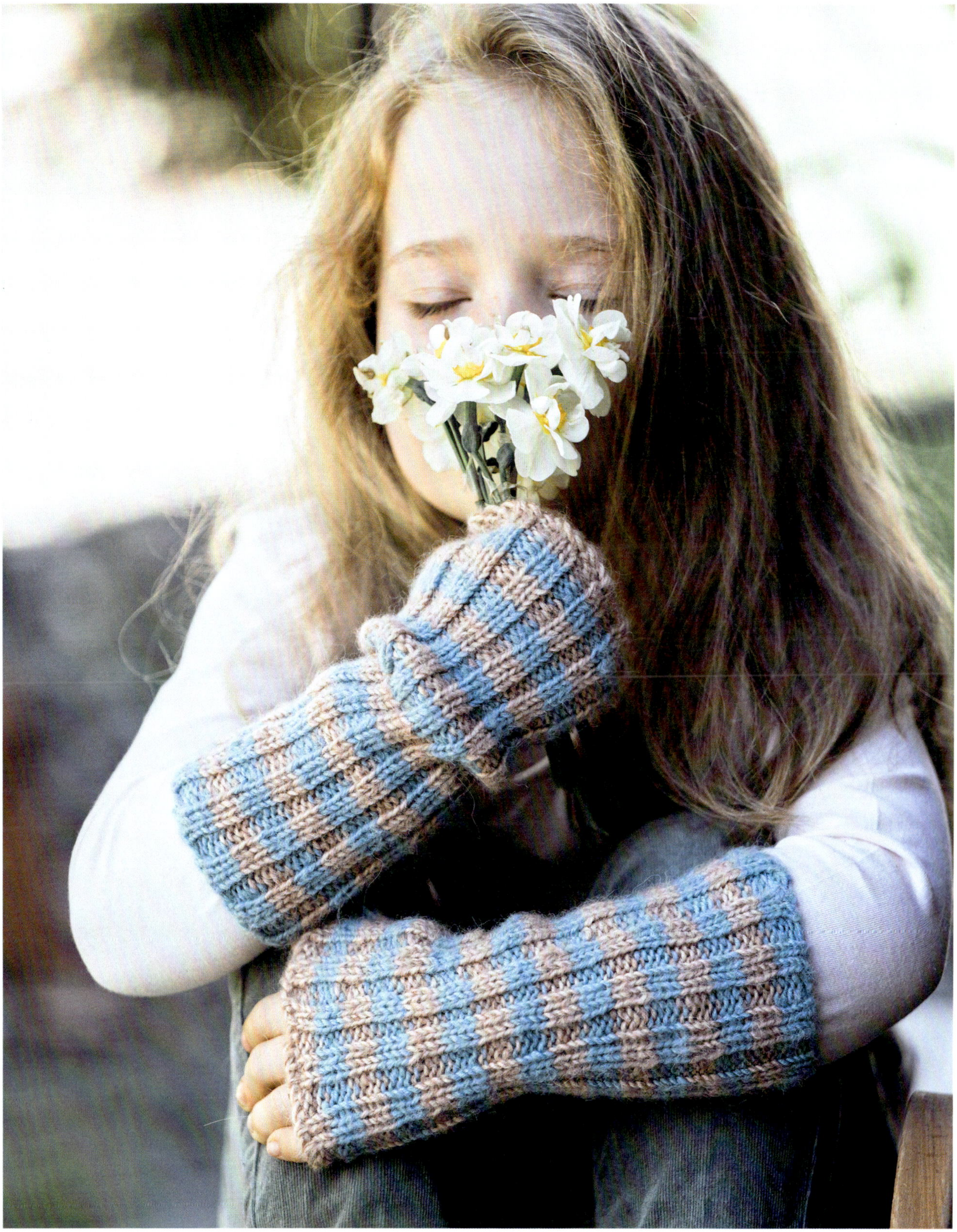

Bei Pettersson

RINGELMÜTZE EMIL ✻ STREIFENSCHAL ANTON ✻ FÄUSTLINGE FINDUS

GRÖSSEN Mütze: 50-52 cm/52-54 cm Kopfumfang; Schal: 120 cm lang, 15 cm breit; Fäustlinge: 12 cm (14 cm) Handumfang = 3-4 Jahre (4-5 Jahre)

MATERIAL Lang Yarns Touring (75% Schurwolle, 25% Polyamid; LL = 100 m/50 g): **für die Mütze** je 50 g Navy (Fb 0025), Beige (Fb 0226), Nougat (Fb 0015) und Hellblau (Fb 0021); Nadelspiel in 4 mm und 4,5 mm, Pomponset mit 6 cm Durchmesser; **für den Schal** je 50 g Navy, Beige, Nougat, Hellblau, Rost (Fb 0087); Stricknadeln in 5 mm; **für die Fäustlinge** je 50 g Navy, Beige, Nougat, Hellblau, Rost; Nadelspiel in 4,5 mm

MUSTER **Glatt rechts in Rd:** Alle M rechts stricken.

Rippenmuster: 2 M rechts, 2 M links im Wechsel stricken.

Bündchenmuster: 1 M rechts, 1 M links im Wechsel stricken.

Knötchenrand: In jeder R die 1. M und die letzte M rechts stricken.

Falsches Patent: Mzahl teilbar durch 4 + 3 + 2 Randm. **1. Reihe (HinR):** Randm, * 3 M rechts, 1 M links; ab * wiederholen, 3 M rechts, Randm. **2. Reihe (RückR):** Randm, 1 M rechts, 1 M links, 1 M rechts, * 2 M rechts, 1 M links, 1 M rechts; ab * wiederholen, Randm. Die 1.-2. R stets wiederholen.

MASCHENPROBE Rippenmuster (4,5 mm, leicht gedehnt): 20 M x 28 R = 10 cm x 10 cm; falsches Patent (5 mm): 26 M x 30 R = 10 cm x 10 cm; glatt rechts (4,5 mm): 22 M x 28 R = 10 cm x 10 cm

Ringelmütze Emil

88 (92) M in Navy mit Nadelstärke 4 mm anschlagen, gleichmäßig zu je 22 (23) M pro Nadel auf die 4 Nadeln des Nadelspiels verteilen und zur Rd schließen. 7 cm im Bündchenmuster arbeiten, dann weiter mit Nadelstärke 4,5 mm im Rippenmuster in folgender Streifenfolge stricken: * je 2 Rd in Beige, 2 Rd in Nougat, 2 Rd in Hellblau, 2 Rd in Navy; ab * stets wiederholen.

In 24 (25,5) cm Höhe ab Anschlag in jeder 2. Linksrippe 2 M links zusammen, in der folgenden 2. Rd diese Abnahmen in den anderen Linksrippen wiederholen = 66/69 M. In der folgenden 2. Rd in jeder 2. Rechtsrippe 2 M rechts zusammen, in der folgenden 2. Rd diese Abnahmen in den anderen Rechtsrippen wiederholen = 44/46 M.

In der folgenden Rd jede rechte M mit der folgenden linken M rechts zusammen = 22/23 M. Dann jeweils 2 M rechts zusammen = 11/12 M. Den Faden ca. 40 cm lang abschneiden, durch die restlichen M fädeln, fest zusammenziehen und gut vernähen. Den Mützenrand 7 cm nach oben umschlagen. Einen Pompon anfertigen und an die obere Mützenspitze nähen. ▼

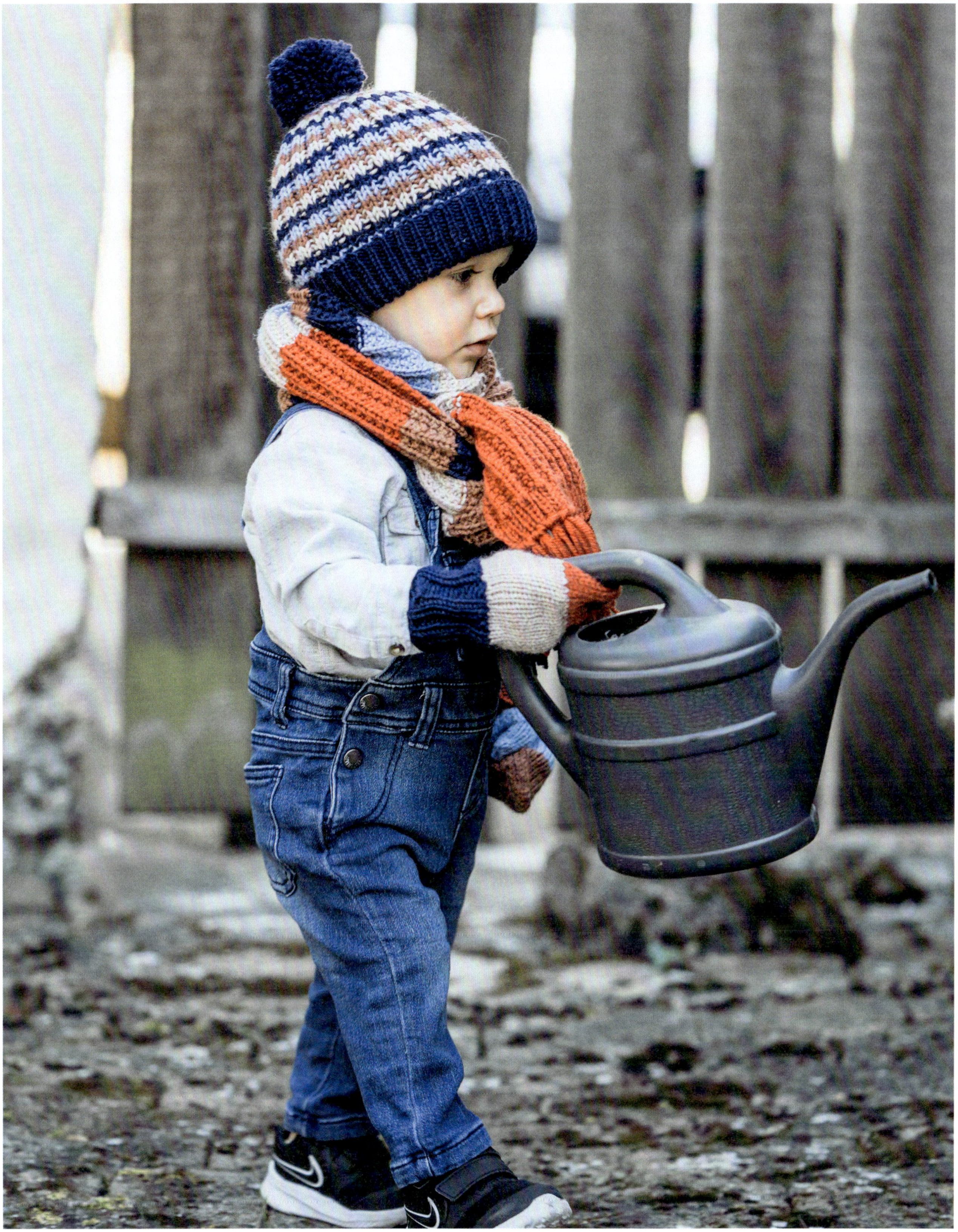

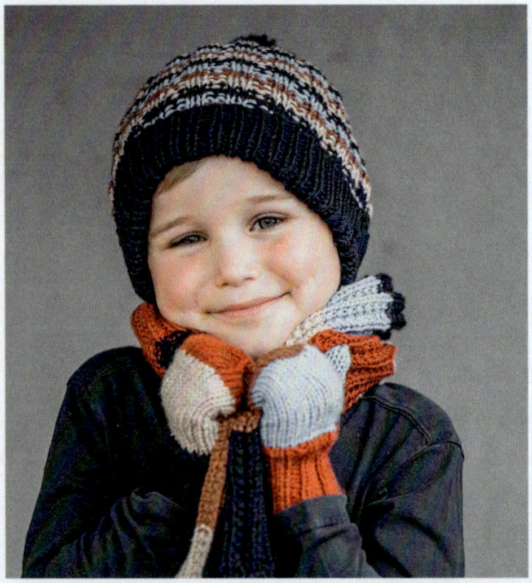

Streifenschal Anton

37 M in Rost anschlagen und 2 cm im Bündchenmuster stricken. Dann im falschen Patent in folgender Farbfolge arbeiten: * 9 cm Rost, 9 cm Beige, 9 cm Nougat, 4 cm Navy; ab * 1x wiederholen, * 4 cm Hellblau, 4 cm Beige, 4 cm Nougat; ab * 1x wiederholen, 4 cm Hellblau, 4 cm Beige, 9 cm Rost, 3 cm Nougat, 9 cm Navy. Noch 2 cm im Bündchenmuster in Navy, dann alle M abketten.
Für die Fransen 16 cm lange Fäden in Navy und Rost zuschneiden, jeweils 3 Fäden zur Hälfte legen und jeweils farblich passend an die beiden schmalen Kanten knüpfen. ▼

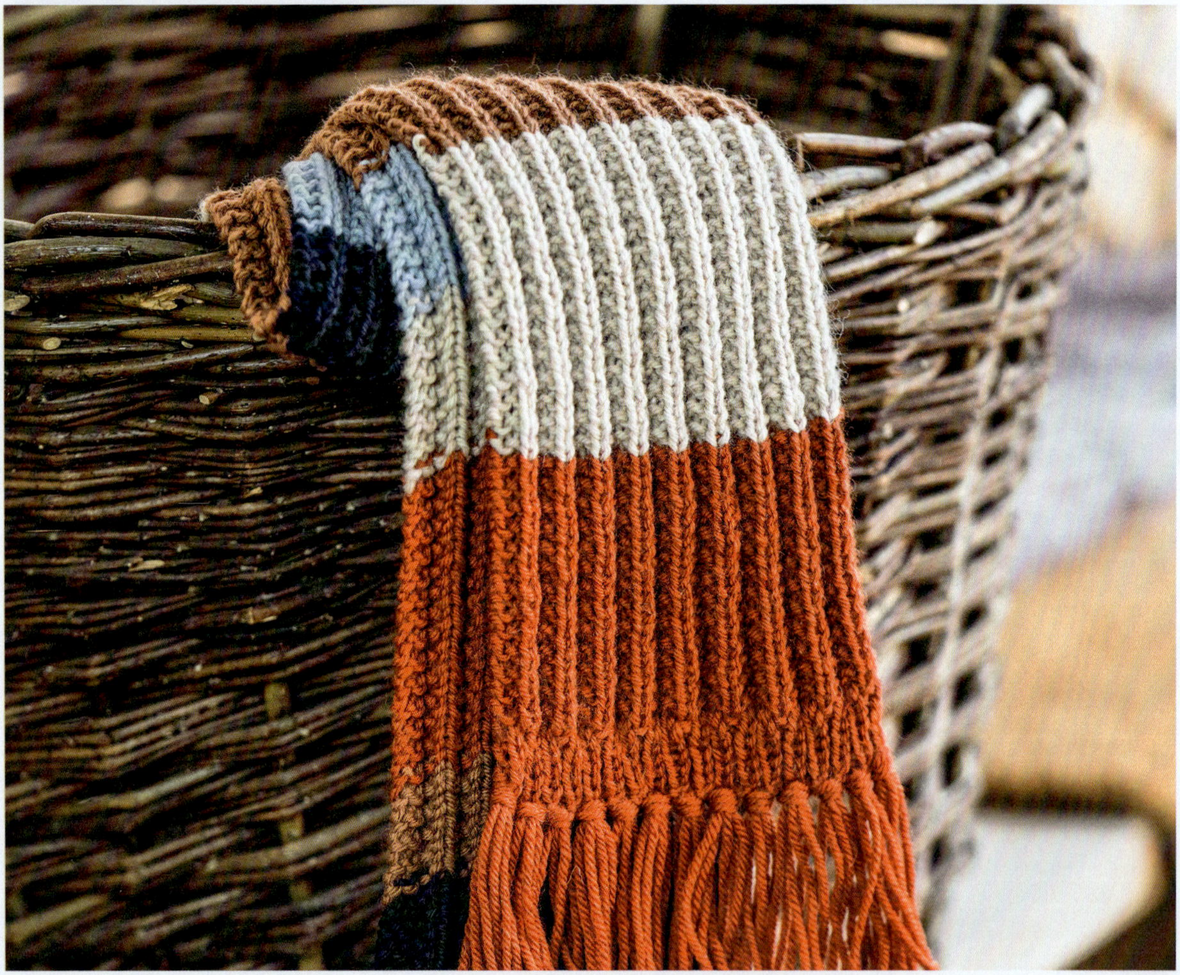

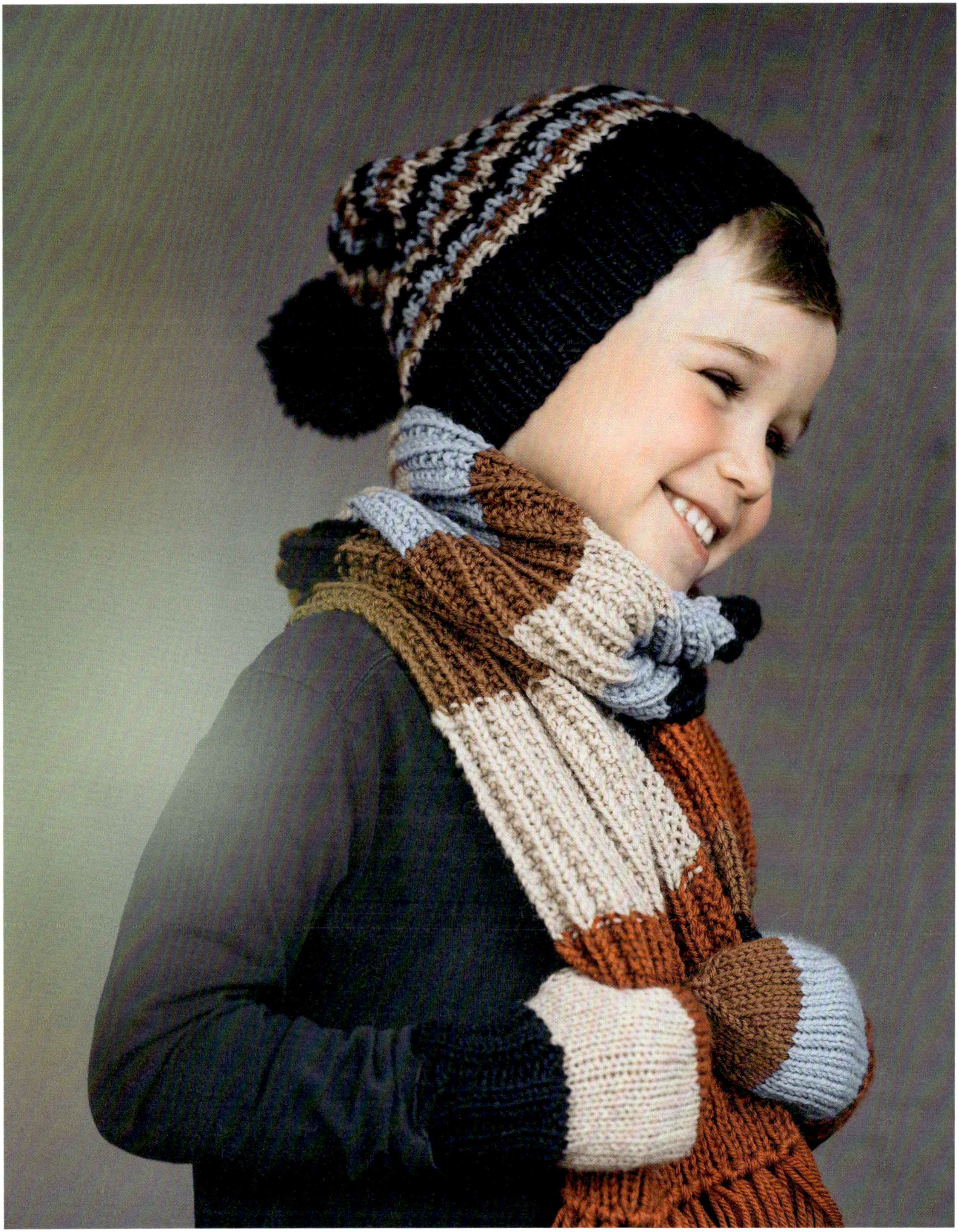

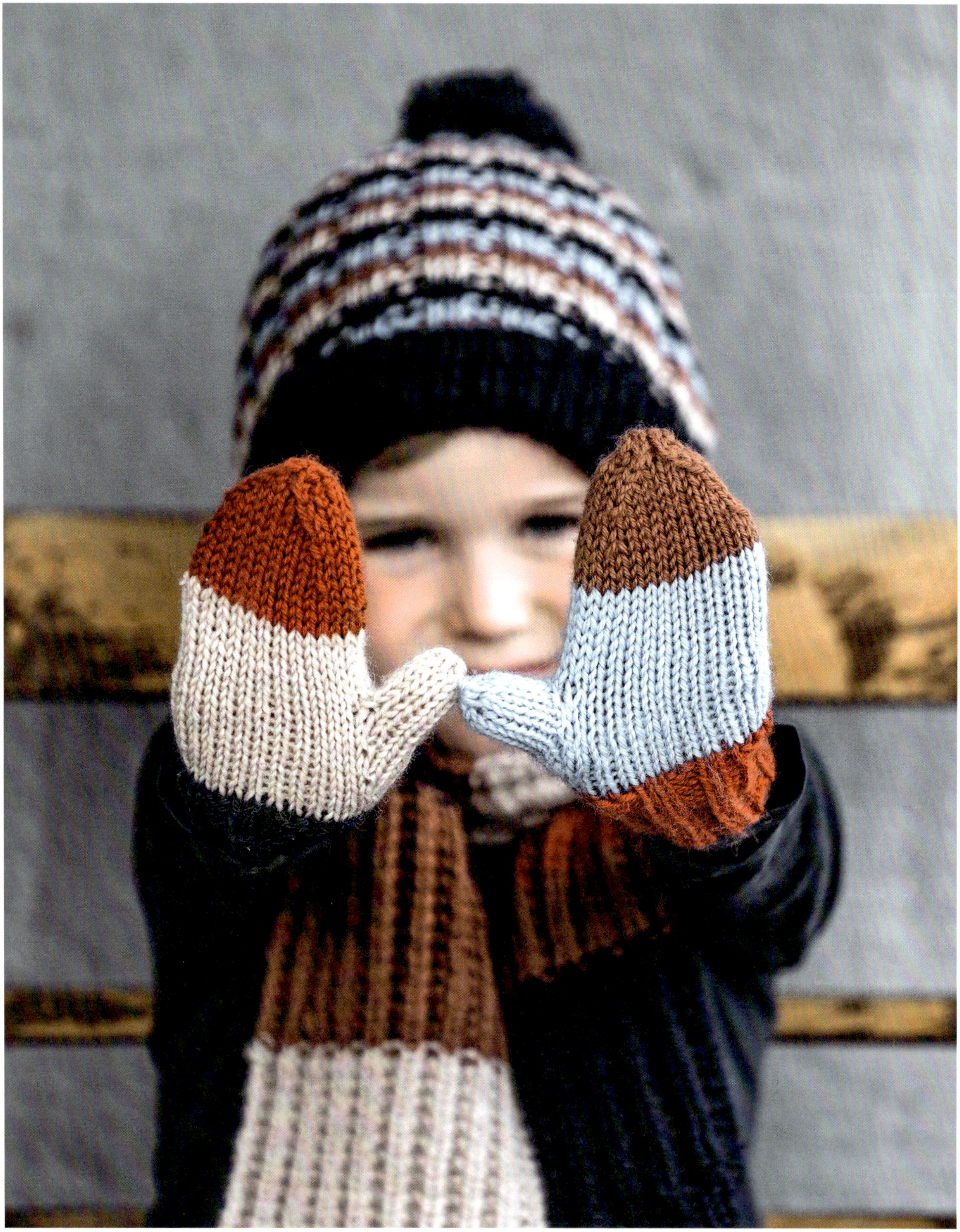

Fäustlinge Findus

Für den linken Handschuh 24 (28) M in Navy anschlagen, auf 4 Nadeln des Nadelspiels verteilen (= 6 M (7 M) pro Nadel) und zur Rd schließen. 5 (6) cm im Rippenmuster, dann in Beige 4 Rd glatt rechts stricken. Für den Daumenkeil in der folgenden Rd bis zur letzten M der 1. Nadel stricken, vor und nach dieser M jeweils 1 M rechts verschränkt aus dem Querfaden zunehmen. Die Zunahmen noch 2x in jeder 3. Rd vor und nach den letzten Zunahmen wiederholen = 7 M für den Daumen. Noch 1 Rd über alle M stricken, dann die M für den Daumen auf einer Sicherheitsnadel stilllegen. Über die anderen M in Rd weiterarbeiten, für den Daumensteg oberhalb der stillgelegten M für den Daumen 1 M dazu anschlagen.
Nach 11,5 (12,5) cm ab Bündchen auf Rost wechseln.
Nach 13 (14) cm ab Anschlag mit der 1. und der 3. Nadel bis zu den letzten 3 M rechts stricken, dann 2 M rechts zusammen, 1 M rechts und mit der 2. und der 4. Nadel die 1. M rechts, 1 Überzug (1 M rechts abheben, 1 M rechts stricken, die abgehobene M überziehen), die restlichen M rechts stricken. Diese Abnahmen noch 1x in jeder 3. Rd, 1x in jeder 2. Rd, 1x (2x) in jeder Rd wiederholen = 8 M. Die restlichen 8 M mit einem Faden zusammenziehen oder im Maschenstich miteinander verbinden.
Die stillgelegten M für den Daumen aufnehmen und mit Beige weiterarbeiten. Um die M zur Rd zu schließen, 1 M rechts verschränkt aus dem Querfaden zwischen der letzten Daumen-M und der Daumensteg-M zunehmen, 1 M aus der Daumensteg-M und 1 M rechts verschränkt aus dem Querfaden zwischen der Daumensteg-M und der 1. Daumen-M = 10 M. Die M auf 3 Nadeln verteilen und bis zu einer Höhe von 3,5 cm (4 cm) stricken. Dann fortlaufend je 2 M rechts zusammen.
Den Faden abschneiden und durch die letzten 5 M ziehen.
Den rechten Handschuh in folgenden Farben gegengleich arbeiten: Das Bündchen in Rost, die Mitte des Handschuhs in Hellblau und die Spitze in Nougat. Die Zunahmen für den Daumenkeil vor und nach der 1. M der 4. Nadel vornehmen

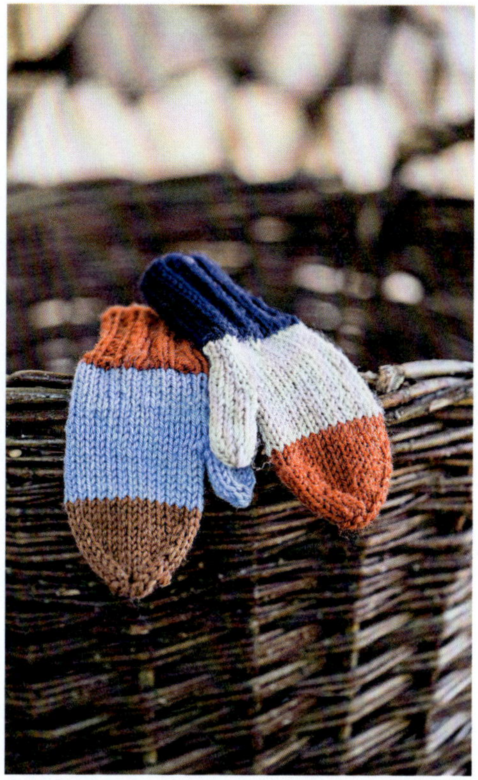

Auf Katthults Hof

MÜTZE GRETA ✻ RIPPENLOOP MIA ✻ MINIPONCHO MARLA

GRÖSSEN Mütze: 50-52 cm Kopfumfang; Loop 40 cm Umfang, 16 cm hoch; Poncho: 110/116 = 5-6 Jahre

MATERIAL Lana Grossa Brigitte No. 2 (47% Alpaka, 45% Baumwolle, 8% Schurwolle; LL = 140 m/50 g): **für die Mütze** je 50 g Terracotta (Fb 42), Beige (Fb 15), Sandgelb (Fb 37), Altrosa (Fb 12); Nadelspiel in 5,5 mm und 6 mm; ein Pompon-Set mit Durchmesser 4,5 cm; 1 Wollnadel; **für den Loop** je 50 g Terracotta, Beige, Sandgelb, Altrosa; Nadelspiel oder kurze Rundstricknadel in 5,5 mm; 1 Wollnadel; **für den Poncho** 100 g Altrosa; Stricknadeln in 6 mm

MUSTER **Bündchenmuster:** 1 M rechts, 1 M links im Wechsel stricken.

Rippenmuster: 2 M rechts, 2 M links im Wechsel stricken.

Glatt rechts in Rd: alle M rechts stricken.

Kraus rechts: In Hin- und Rückr rechte M stricken.

Lochmuster: 1.-8. Reihe: Alle M kraus rechts stricken. **9. Reihe:** Randm, 1 M rechts, * 1 Umschlag, 2 M rechts zusammen: ab * wiederholen, Randm. **10. Reihe:** Alle M und Umschläge rechts stricken. Die 1.-10. R stets wiederholen.

Randm Poncho (je 4 M): HinR beginnen mit 1 M rechts, 1 M rechts verschränkt, 1 M links, 1 M rechts verschränkt und enden mit 1 M rechts verschränkt, 1 M links, 1 M rechts verschränkt, 1 M abheben. RückR beginnen mit 1 M rechts, 1 M links verschränkt, 1 M rechts, 1 M links verschränkt und enden mit 1 M links verschränkt, 1 M rechts, 1 M links verschränkt, 1 M abheben. ▼

Mütze Greta

64 M mit dem Nadelspiel in 5,5 mm in Terracotta anschlagen, gleichmäßig auf 4 Nadeln verteilen (= 16 M pro Nadel) und 3 cm im Bündchenmuster stricken. Mit dem dickeren Nadelspiel im Jacquardmuster weiterarbeiten, dabei den Rapport von 8 M 8x in der Rd arbeiten. 1x die 1.-22. Rd, dann glatt rechts in Altrosa weiterarbeiten. In 16 cm Höhe ab Anschlag nach jeder 8. M einen Markierer einhängen und jeweils die letzten 2 M vor einem Markierer rechts zusammen (8 Abnahmen pro Rd) = 56 M. Diese Abnahmen noch 2x in jeder 4. Rd, 2x in jeder 2. Rd und 2x in jeder Rd wiederholen = 8 M. Den Faden abschneiden und durch die letzten 8 M fädeln. Die M zusammenziehen, den Faden nach innen ziehen und vernähen. Einen Pompon aus allen Farben anfertigen und annähen. ▼

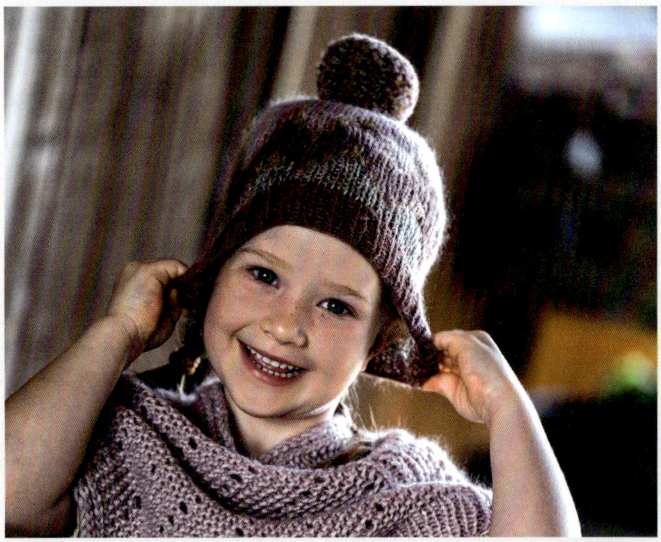

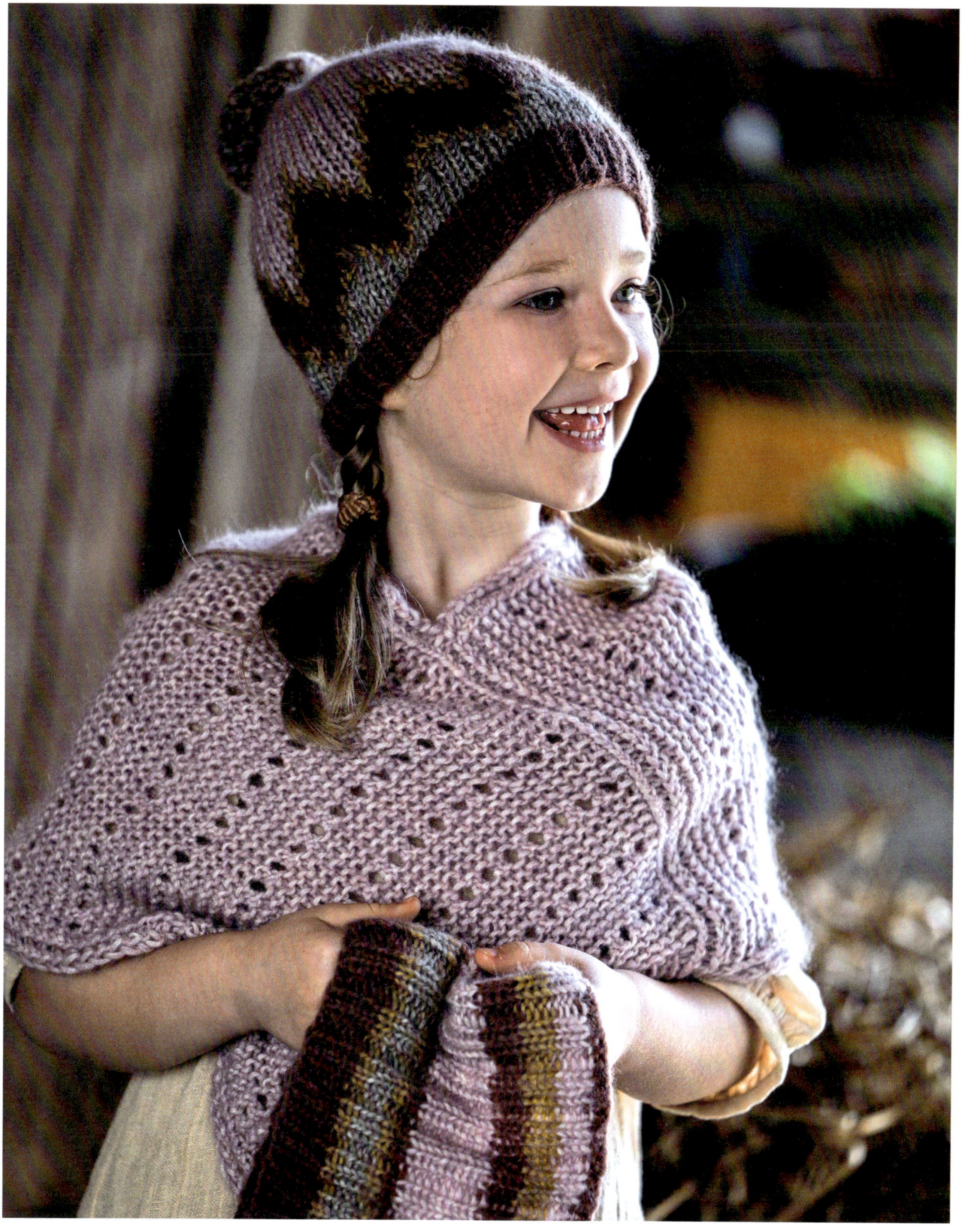

Jacquardmuster: Mzahl teilbar durch 8. Glatt rechts nach Zählmuster arbeiten. Es ist jede Rd gezeichnet. Den Rapport von 8 M zwischen den beiden Pfeilen in der Rd stets wiederholen. Der nicht in Arbeit befindliche Faden wird locker auf der Rückseite der Arbeit mitgeführt. Die 1.-22. Rd 1x arbeiten.

MASCHENPROBE Glatt rechts (Nadel 6 mm): 16 M x 21 R = 10 cm x 10 cm; Rippenmuster (Nadel 5,5 mm): 20 M x 25 R = 10 cm x 10 cm; Lochmuster (Nadel 6 mm): 16 M x 26,5 R = 10 cm x 10 cm

Zählmuster Mütze

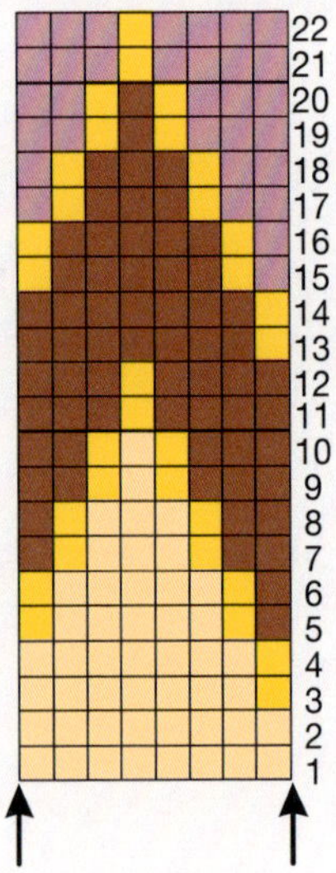

Zeichenerklärung:

- = 1 M in Beige
- = 1 M in Sandgelb
- = 1 M in Terracotta
- = 1 M in Altrosa

Rippenloop Mia

84 M in Terracotta anschlagen, gleichmäßig auf dem Nadelspiel verteilen, zur Rd schließen und in folgender Streifenfolge im Rippenmuster arbeiten: 6 Rd Terracotta, 2 Rd Sandgelb, 4 Rd Beige, 2 Rd Sandgelb, 2 Rd Terracotta, 10 Rd Rosa, 4 Rd Terracotta, 4 Rd Sandgelb, 4 Rd Rosa, 2 Rd Terracotta = 16 cm und 40 Rd. Dann alle M abketten, dafür * 2 M rechts zusammen, die M zurück auf die linke Nadel heben; ab * fortlaufend wiederholen, bis alle M abgekettet sind. Den Faden abschneiden, durch die letzte Masche ziehen und vernähen. ▼

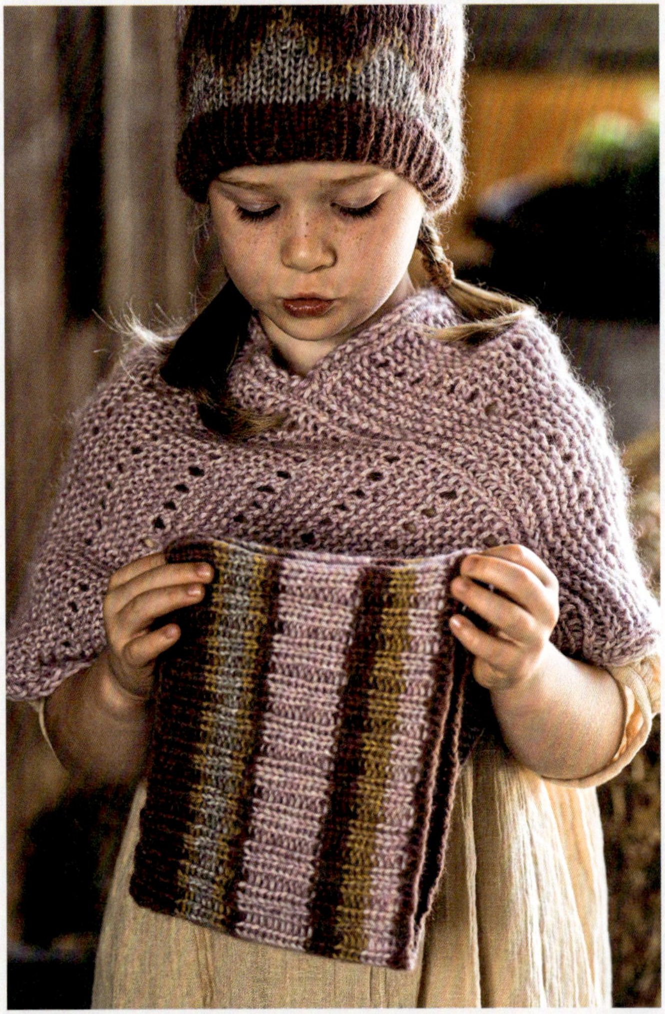

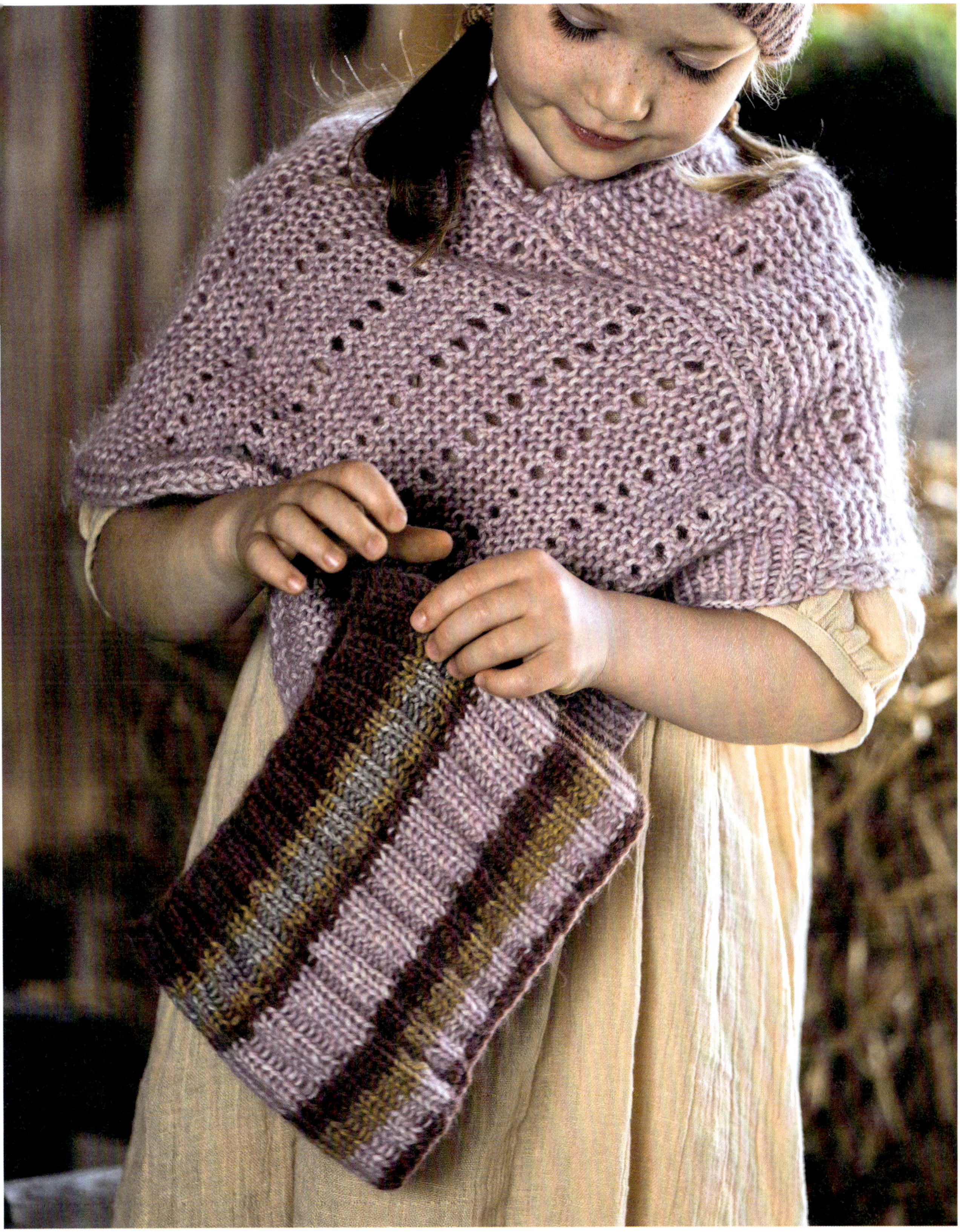

Schnitt Poncho

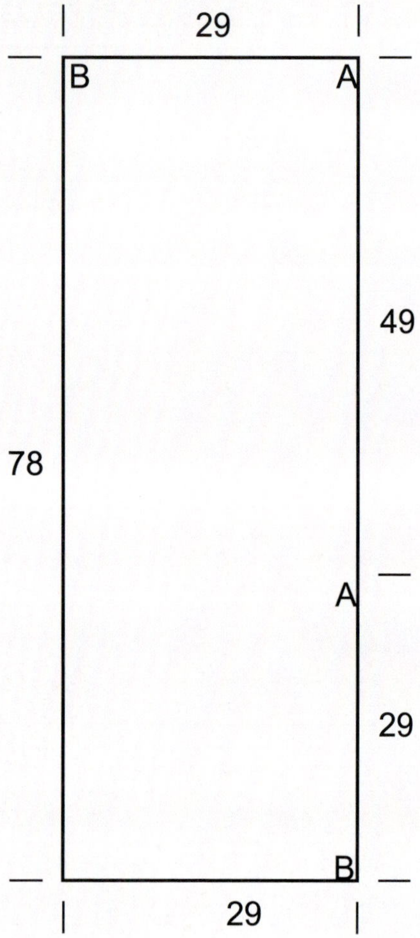

Miniponcho Marla

47 M anschlagen und 10 R im Bündchenmuster arbeiten, dabei die ersten 4 M und die letzten 4 M als Randm arbeiten. Dann zwischen den Randm weiter im Lochmuster stricken. Nach 78 cm und 208 R ab Anschlag (= 10 R Bündchen, 19x die 10 R des Lochmusters und noch 1x die 1.-8. R des Lochmusters) alle M abketten. Die abgekettete kurze Seite an die lange Seite ab Anschlagkante nähen.

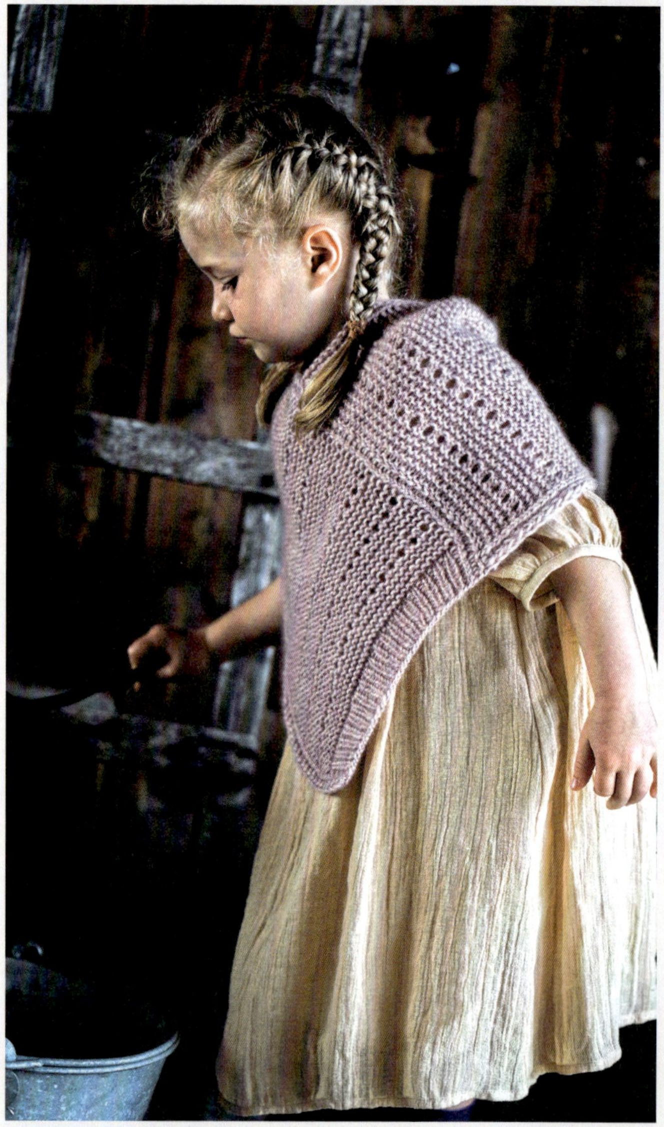

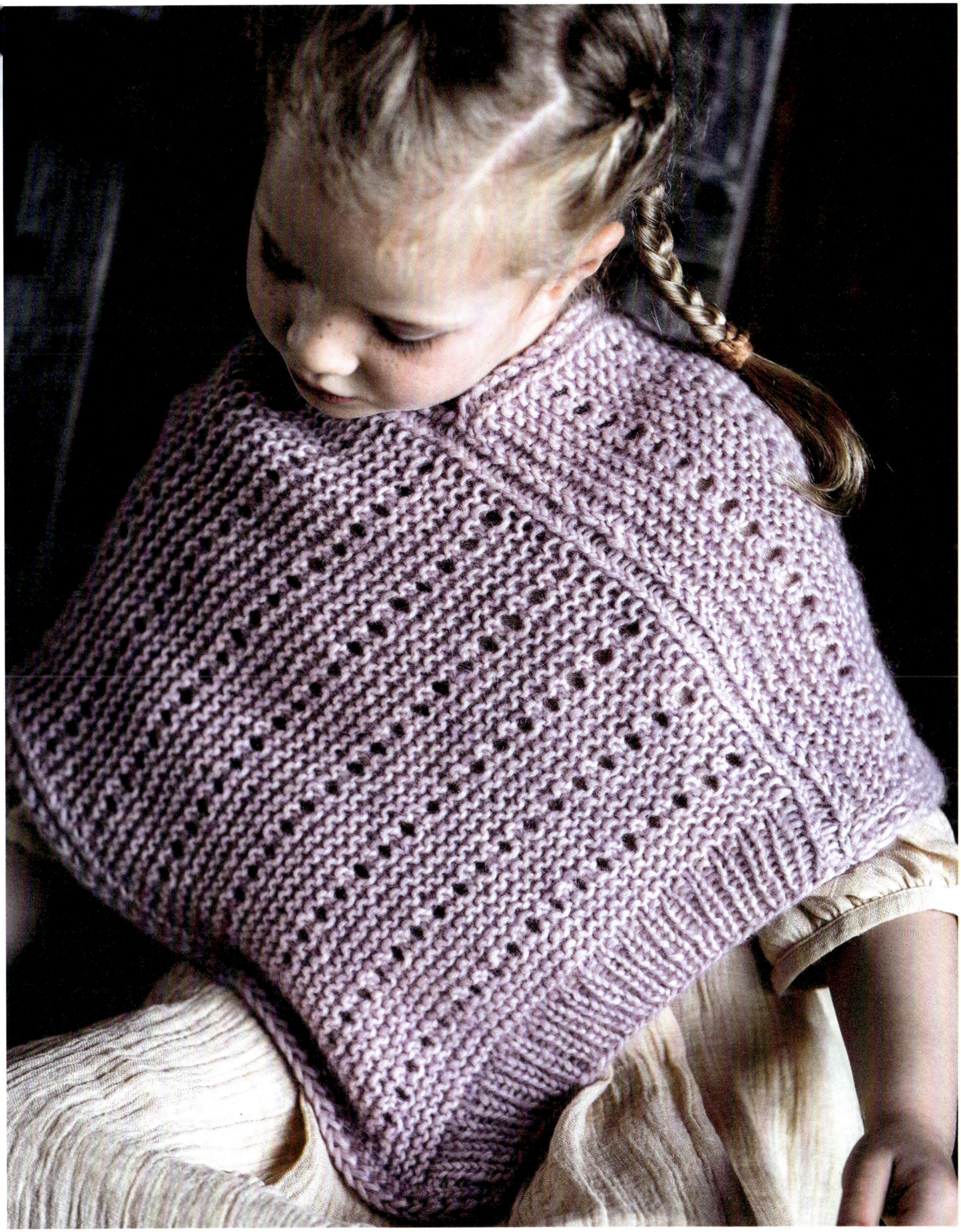

In der Mattisburg

MÜTZE TOMKE ✻ ZWERGENMÜTZE RONJA ✻ SCHLUPFMÜTZE NIELSON

GRÖSSEN Mütze und Zwergenmütze: 50-52 cm (52-54 cm) Kopfumfang; Schlupfmütze: 48-50 cm (50-52 cm) Kopfumfang

MATERIAL ggh Sportlife (100% Schurwolle; LL = 80 m/50 g): **für die Mütze** 100 g Eisgrau (Fb 35), je ein Nadelspiel in Stärke 5 mm und 5,5 mm, Wollnadel

Lana Grossa Bingo / Bingo Mélange Gots (100% Schurwolle; LL = 80 m/50 g): **für die Zwergenmütze** 100 g Weinrot (Fb 7), 50 g Fliederrosa meliert (Fb 317); Nadelspiel in 4,5 mm; 6 Maschenmarkierer (MM); Pompon-Set Durchmesser 4 cm

Lang Yarns Merino+ (100% Schurwolle; LL = 90 m/50 g): **für die Schlupfmütze** 100 g Jeans Dunkel melange (Fb 152.0234), Stricknadeln in 5 mm, Nadelspiel in 5 mm

MUSTER **Kraus rechts:** In Hin- und RückR: rechte M, in Rd: 1 Rd rechte M, 1 Rd linke M im Wechsel stricken.

Rippenmuster: in allen Rd 2 M rechts, 2 M links im Wechsel stricken.

Bündchenmuster: 1 M rechts, 1 M links im Wechsel stricken.

Verschränktes Rippenmuster: In HinR 1 M rechts verschränkt, 1 M links im Wechsel, in RückR die rechten M rechts verschränkt, die linken M links stricken. In Rd: **1. Rd:** 1 M rechts verschränkt, 1 M links im Wechsel; **2. Rd:** 1 M rechts, 1 M li verschränkt im Wechsel stricken.

Rechtsgeneigte Zunahme: Nach der Randm mit der linken Nadel den Querfaden von hinten nach vorne aufnehmen und rechts stricken (und dabei nach rechts verdrehen). ▼

Mütze Tomke

68 M (72 M) mit Nadelstärke 5 mm anschlagen, gleichmäßig auf 4 Nadeln verteilen (= 17 M (18 M) pro Nadel), zur Rd schließen und bis zu einer Höhe von 4 cm im Rippenmuster stricken.

Mit dem Nadelspiel in 5,5 mm arbeiten und zunächst 4 Rd kraus rechts stricken, dabei in der letzten Rd 7 M (8 M) zunehmen (= abwechselnd nach jeder 8. und. 9. M (nach jeder 9. M) je 1 M verschränkt aus dem Querfaden zunehmen) = 75 M (80 M). Dann in folgender Einteilung weiterarbeiten: * 12 M Zigzagmuster, 3 M (4 M) links; ab * insgesamt 5x in der Rd arbeiten.

Nach 19 cm (20 cm) ab Anschlag jeweils in den linksgestrickten Rippen 2 M links zusammen = 5 Abnahmen pro Rd. Diese Abnahmen noch 5x (6x) in jeder 2. Rd immer über derselben Stelle wiederholen (nach und nach werden auch rechte M mit eingestrickt) = 45 M. In der darauffolgenden 2. Rd immer abwechselnd [1 M rechts, 2 M rechts zusammen] = 30 M. In der nächsten Rd stets 2 M rechts zusammen = 15 M. Den Faden 50 cm lang abschneiden, mit Hilfe einer Wollnadel 2x durch die letzten 15 M ziehen und fest zusammenziehen. Alle Fäden auf der Innenseite vernähen. ▼

Strickschrift Mütze Seite 54

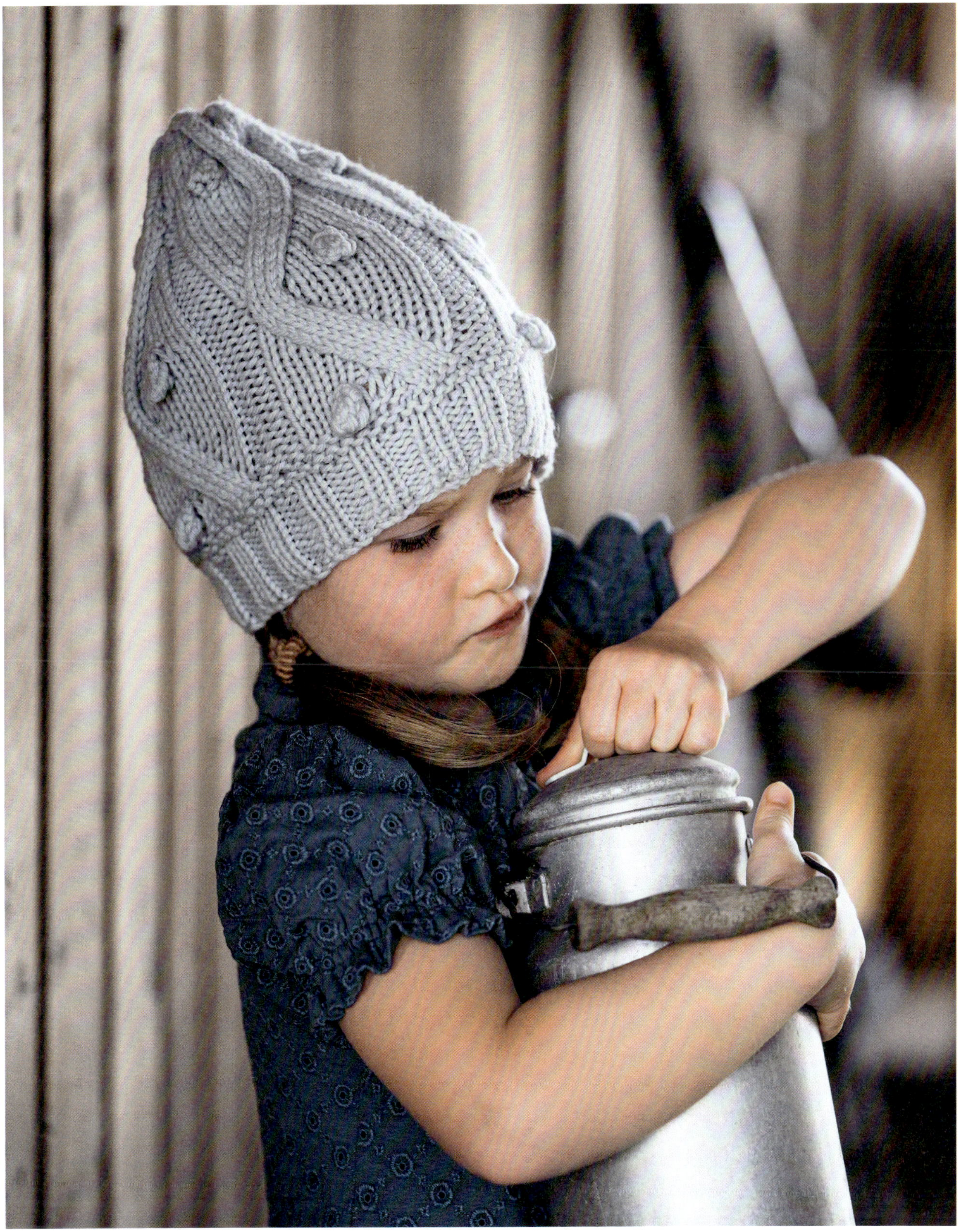

Linksgeneigte Zunahme: Vor der Randm mit der linken Nadel den Querfaden von vorne nach hinten aufnehmen und rechts verschränkt stricken (und dabei nach links verdrehen).

Zigzagmuster: Mzahl teilbar durch 12 M. Nach Strickschrift arbeiten. Es sind die ungeraden Rd notiert. In den geraden Rd die M so stricken, wie sie erscheinen. Die Anleitung beschreibt, wie die 12 M des Musters in der Rd positioniert werden. Die 1.-32. Rd stets wiederholen.

MASCHENPROBE Zigzagmuster (Nadel 5,5 mm): 18 M x 26 R = 10 cm x 10 cm; kraus rechts (4,5 mm): 19 M x 40 R = 10 cm x 10 cm; kraus rechts (5 mm): 18 M x 36 R = 10 cm x 10 cm; verschränktes Rippenmuster (5 mm): 17 M x 25 R = 10 cm x 10 cm

Strickschrift Mütze Tomke

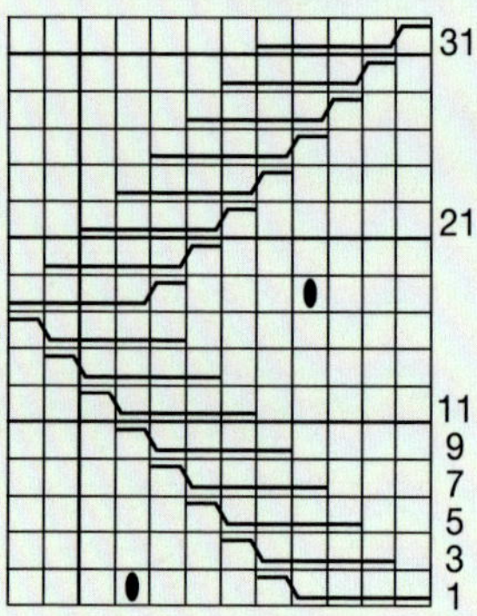

Zeichenerklärung:

 = 1 M rechts

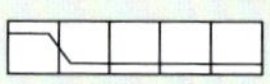 = 4 M auf einer Hilfsnadel vor die Arbeit legen, 1 M rechts, dann die M der Hilfsnadel rechts

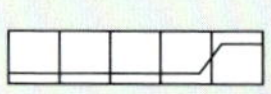 = 1 M auf einer Hilfsnadel hinter die Arbeit legen, 4 M rechts, dann die M der Hilfsnadel rechts

 = 1 Noppe = aus 1 M 5 neue M herausstricken (1 M rechts, 1 Umschlag, 1 M rechts, 1 Umschlag, 1 M rechts), wenden, 5 M links stricken, wenden, 5 M rechts stricken, wenden, 5 M links stricken, wenden, 2x 2 M rechts zusammen, 1 M rechts, dann nacheinander die mittlere und die rechte M über die linke M ziehen.

Zwergenmütze Ronja

Für die Ohrenklappen (2x arbeiten) 3 M in Weinrot anschlagen und 2 R kraus rechts stricken.

Zunahme-R: Randm, 1 linksgeneigte Zunahme, bis zur Randm kraus rechts, 1 rechtsgeneigte Zunahme, Randm. Weiter kraus rechts über alle M stricken und dabei die Zunahme-R erst 2x in jeder 2. R wiederholen (= 9 M), dann noch 4x in jeder 4. R (= 17 M). Dann bis zu einer Höhe von 8 cm ab Anschlag gerade hoch.

4 M (5 M) in Weinrot anschlagen, 17 M der 1. Ohrenklappe rechts stricken, 28 M (30 M) anschlagen, 17 M der 2. Ohrenklappe rechts stricken, 4 M (5 M) anschlagen (= hintere Mitte) = 70 M (74 M). Die M zur Rd schließen, den Rd-Übergang mit einem MM (Maschenmarkierer) kennzeichnen und 6 Rd in folgender Einteilung arbeiten: Die neu angeschlagenen M für Stirn und Nacken im Bündchenmuster (darauf achten, dass sich das Bündchenmuster der 2. M-Hälfte im Nacken an das Muster der 1. M-Hälfte fügt), alle übrigen M kraus rechts. Anschließend über alle M kraus rechts weiterstricken. Nach 12 cm ab Anschlag der M für Stirn und Nacken alle M in Fliederrosa meliert weiterstricken. Nach 2 cm (3,5 cm) in Fliederrosa meliert in einer links gestrickten Rd wie folgt noch 3 weitere MM verteilen: nach 11 M (12 M), nach weiteren 24 M (25 M) (= vordere Mitte) und nach weiteren 11 M (12 M).

Abnahme-Rd 1: * MM abheben, bis 2 M vor dem nächsten MM rechts, 2 M rechts zusammen, MM abheben, 13 M rechts, 1 Überzug, bis zum MM rechts; ab * noch 1x wiederholen (4 Abnahmen).

Die Abnahme-Rd 1 noch 4x in jeder 4. Rd wiederholen = 50 M (54 M). Dann 3 Rd kraus rechts stricken, dabei in der letzten Rd jeweils nach den beiden Streifen aus 13 M 1 neuen MM einhängen.

Abnahme-Rd 2: * MM abheben, ** bis 2 M vor dem nächsten MM rechts, 2 M rechts zusammen, MM abheben, 1 Überzug; ab ** noch 1x wiederholen, bis zum MM rechts; ab * noch 1x wiederholen (8 Abnahmen). ▼

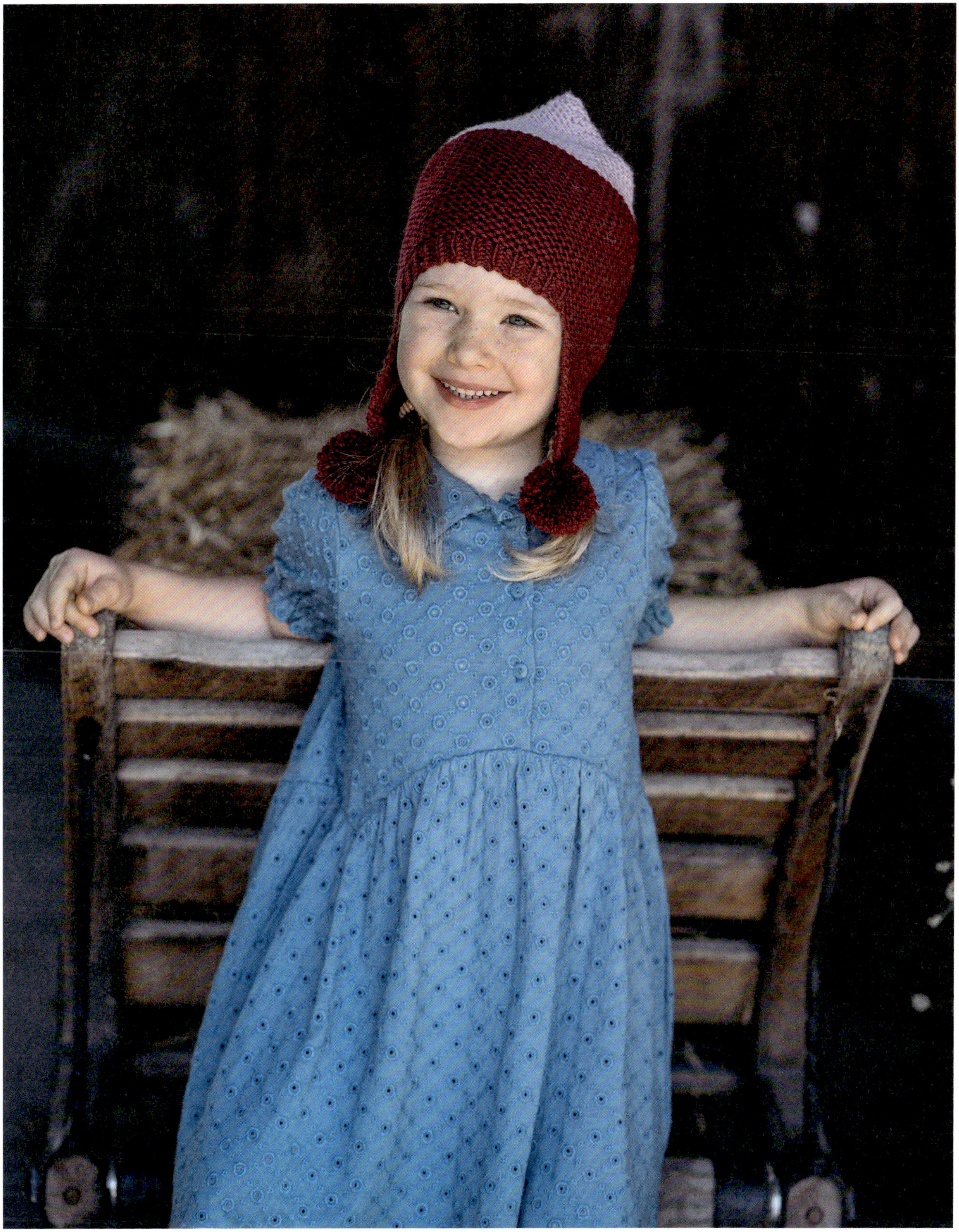

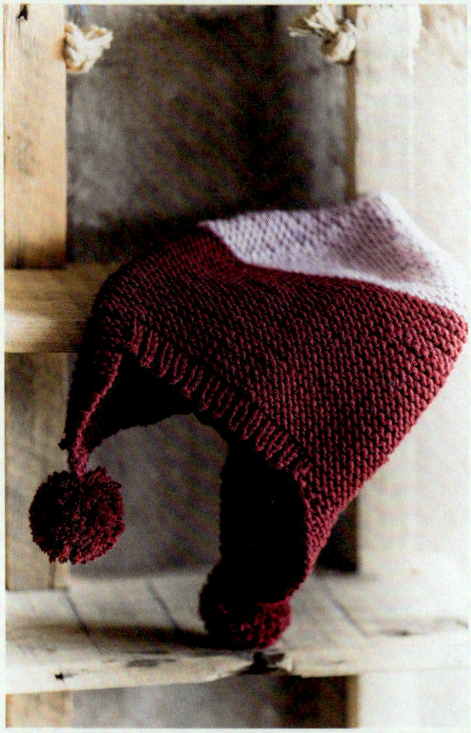

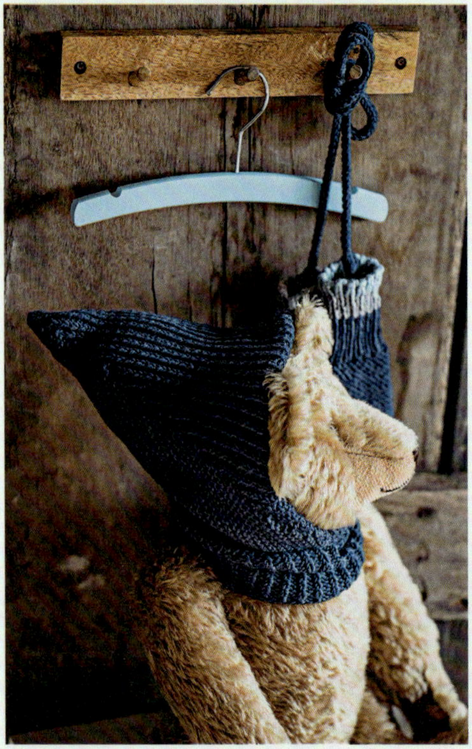

Die Abnahme-Rd 2 noch 3x wiederholen = 18 M (22 M). 3 Rd kraus rechts arbeiten, dabei alle MM entfernen. In den folgenden Rd stets 2 M rechts zusammen = 9 M (11 M). Dann stets 2 M rechts zusammen, bis nur noch 5 M übrig sind. Den Faden 30 cm lang abschneiden, durch die letzten 5 M fädeln, zusammenziehen, nach innen ziehen und vernähen. Mit Weinrot 2 Pompons anfertigen und an die unteren Kanten der Ohrenklappen nähen.

Schlupfmütze Nielson

83 M (87 M) anschlagen und 2 cm = 6 R im verschränkten Rippenmuster arbeiten. Dann die M wie folgt einteilen: Randm, 10 M kraus rechts, 61 M (65 M) im verschränkten Rippenmuster, 10 M kraus rechts, Randm. In jeder 4. R die beiden kraus rechts gestrickten Streifen um jeweils 2 M verbreitern, die Mzahl des mittleren Streifens im verschränkten Rippenmuster verringert sich damit in jeder 4. R um 4 M. Nach 24 cm (25 cm) und 60 R (64 R) sind nur noch 5 M im verschränkten Rippenmuster übrig. In der folgenden RückR die beiden mittleren M rechts zusammen und die übrigen 82 M (86 M) auf 2 Nadeln verteilen (= 41 M (43 M) pro Nadel). Für die rückwärtige Mützennaht die Nadeln gegeneinanderlegen und die M im Maschenstich (siehe S. 74) miteinander verbinden.
Aus den seitlichen Kanten 64 M (66 M) auffassen, dabei die Weite an der hinteren Mitte leicht einhalten. Die M gleichmäßig auf 4 Nadeln des Nadelspiels verteilen = 16 M pro Nadel (16+17+16+17 M) und 7 cm (8 cm) im verschränkten Rippenmuster arbeiten. Dann die M locker abketten.

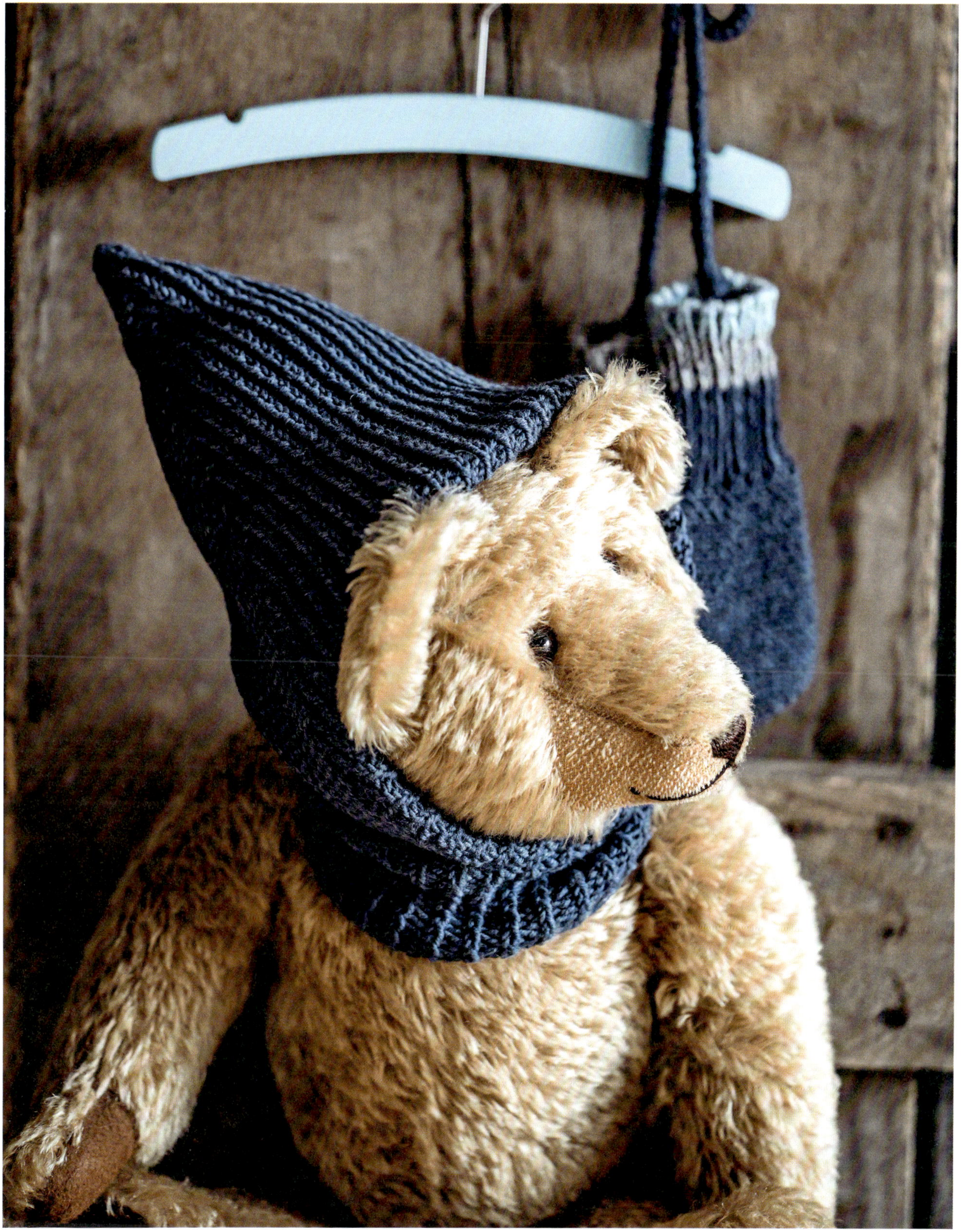

Aus der Krachmacherstraße

MINICAPE CHARLY * FÄUSTLINGE JUNA

GRÖSSEN Cape: 110/ 116 (122/128); Fäustlinge: 12 cm (14 cm) Handumfang = 3-4 Jahre (5-6 Jahre)

MATERIAL Lana Grossa Alta Moda Alpaca (90% Baby Alpaka, 5% Schurwolle, 5% Polyamid; LL = 140 m/50 g): **für das Cape** 100 g Fb 78 Nussbraun (Fb 78), je 50 g Flieder meliert (Fb 44) und Zartrosa (Fb 84); Rundstricknadel in 5 mm, 40 cm lang, und 6 mm, 60 cm lang;
für die Fäustlinge 50 g Nussbraun und Lana Grossa Cool Wool Big/Cool Wool Big Mélange (100% Schurwolle; LL = 120 m/50 g): je 50 g Rosenholz (Fb 953) und Beere meliert (Fb 218); ein Nadelspiel in 3,5 mm

MUSTER **Bündchenmuster:** 1 M rechts, 1 M links im Wechsel stricken.
Kraus rechts in Rd: 1 Rd rechte M, 1 Rd linke M im Wechsel.
Glatt rechts in Rd: In allen Rd rechte M stricken.
Randm (je 4 M für den Schlitz): HinR mit 1 M rechts, 1 M mit dem Faden vorne abheben, 1 M rechts, 1 M mit dem Faden vorne abheben beginnen und enden mit 1 M mit dem Faden vorne abheben, 1 M rechts, 1 M mit dem Faden vorne abheben, 1 M rechts. RückR mit 1 M mit dem Faden vorne abheben, 1 M rechts, 1 M mit dem Faden vorne abheben, 1 M rechts beginnen und enden mit 1 M rechts, 1 M mit dem Faden vorne abheben, 1 M rechts, 1 M mit dem Faden vorne abheben.
Rechtsgeneigte Zunahme: Nach der Randm mit der linken Nadel den Querfaden von hinten nach vorne aufnehmen und rechts abstricken (und dabei nach rechts verdrehen). ▼

Minicape Charly

Das Cape von oben nach unten arbeiten: 84 M mit Nadelstärke 5 mm in Nussbraun anschlagen, auf 4 Nadeln des Nadelspiels verteilen, zur Rd schließen, den Rd-Übergang markieren und 3 cm im Bündchenmuster arbeiten. Weiter mit Nadelstärke 6 mm: In Rosa 3 Rd kraus rechts stricken, dabei in der letzten Rd nach der 41. M nach Rd-Übergang einen MM (Maschenmarkierer einhängen). Dann mit Nussbraun weiterarbeiten.

Zunahme-Rd: 1 M rechts, 1 linksgeneigte Zunahme, bis zum MM rechts, 1 rechtsgeneigte Zunahme, den MM abheben, 2 M rechts, 1 linksgeneigte Zunahme, bis zur letzten M rechts, 1 rechtsgeneigte Zunahme, 1 M rechts (4 Zunahmen). Weiter glatt rechts stricken und dabei die Zunahme-Rd noch 3x in jeder Rd, 5x in jeder 2. Rd und 2x in jeder 6. Rd wiederholen = 128 M. Dann in Rd weiter gerade hoch. Nach 15 cm ab Bündchen das Jacquardmuster nach Zählmuster arbeiten, dabei den Rapport von 4 M 32x in der Rd arbeiten. Noch 2 Rd in Nussbraun stricken, dann die Arbeit an den markierten Stellen teilen und zunächst das Rückenteil über 64 M in Hin- und RückR beenden, dabei die Randm für den Schlitz wie beschrieben arbeiten. Nach 2 cm mit Nadelstärke 5 mm im Bündchenmuster arbeiten, dabei in der 1. R 1 M abnehmen. Nach 3 cm im Bündchenmuster alle M abketten.
Nun mit Nadelstärke 5 mm im Bündchenmuster über die restlichen 64 M das Vorderteil arbeiten: Nach den ersten 4 Randm 1 Überzug arbeiten, am Ende der R vor den 4 Randm 2 M rechts zusammen. Diese Abnahmen noch 2x in jeder 2. R wiederholen. Dann alle M abketten. Die Fäden auf der Innenseite vernähen. ▼

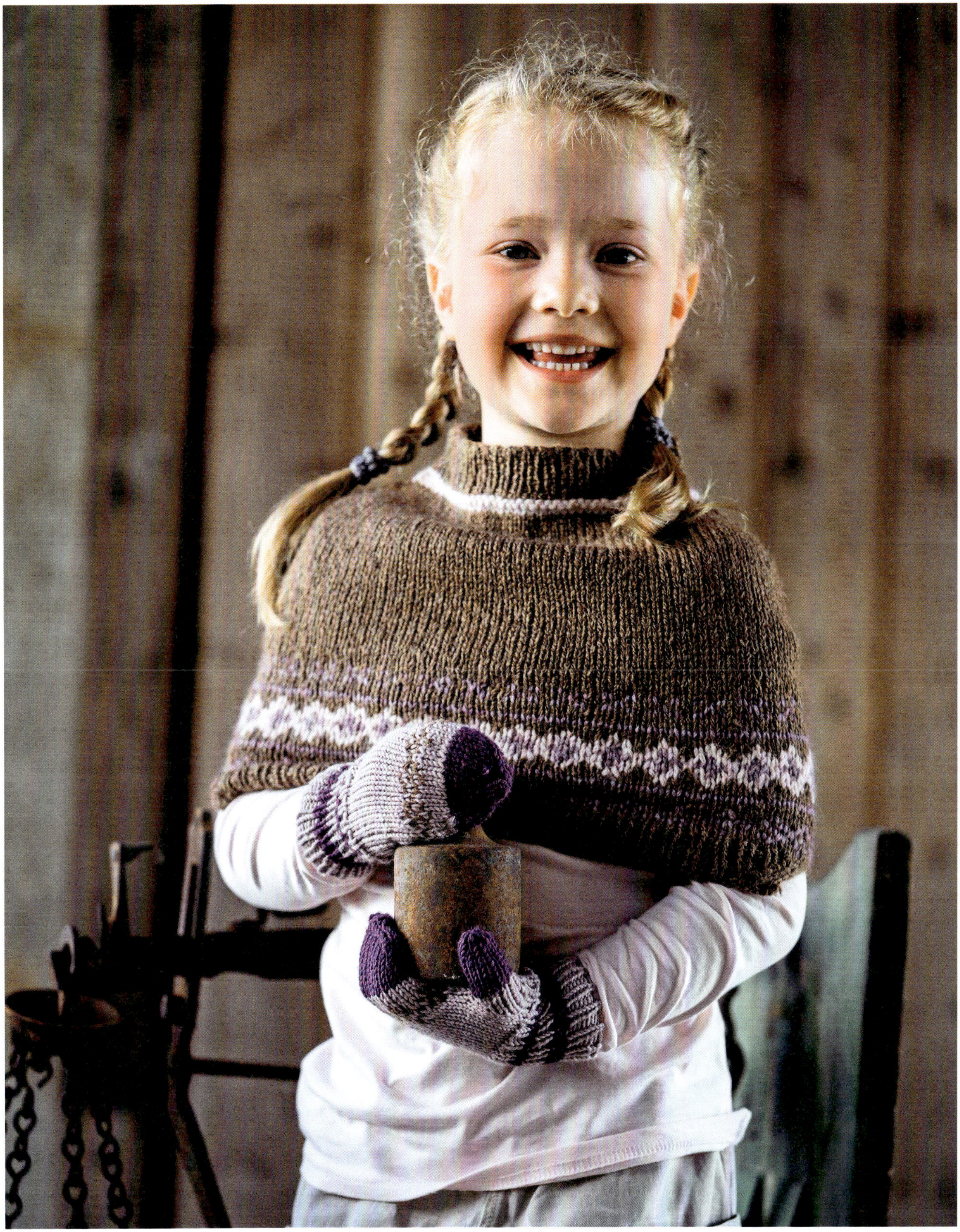

Linksgeneigte Zunahme: Vor der Randm mit der linken Nadel den Querfaden von vorne nach hinten aufnehmen und rechts verschränkt abstricken (und dabei nach links verdrehen).
Jacquardmuster Cape: Mzahl teilbar durch 4. Glatt rechts nach Zählmuster arbeiten. Es sind alle Rd gezeichnet. Die 4 M zwischen den Pfeilen in der Rd stets wiederholen.
Jacquardmuster Fäustlinge: Mzahl teilbar durch 4. Glatt rechts nach Zählmuster arbeiten. Es sind alle Rd notiert. Den Rapport von 4 M zwischen den beiden Pfeilen stets wiederholen. Die 1.-5. Rd 1x arbeiten.

MASCHENPROBE Glatt rechts (Nadel 6 mm): 19 M x 28 R = 10 cm x 10 cm; Glatt rechts (Nadel 3,5 mm): 24 M x 34 R = 10 cm x 10 cm

Zählmuster Cape

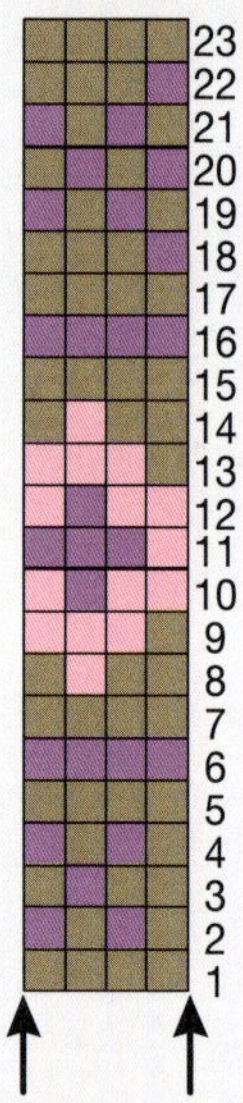

Zeichenerklärung:

- = 1 M in Nussbraun
- = 1 M in Flieder meliert
- = 1 M in Zartrosa

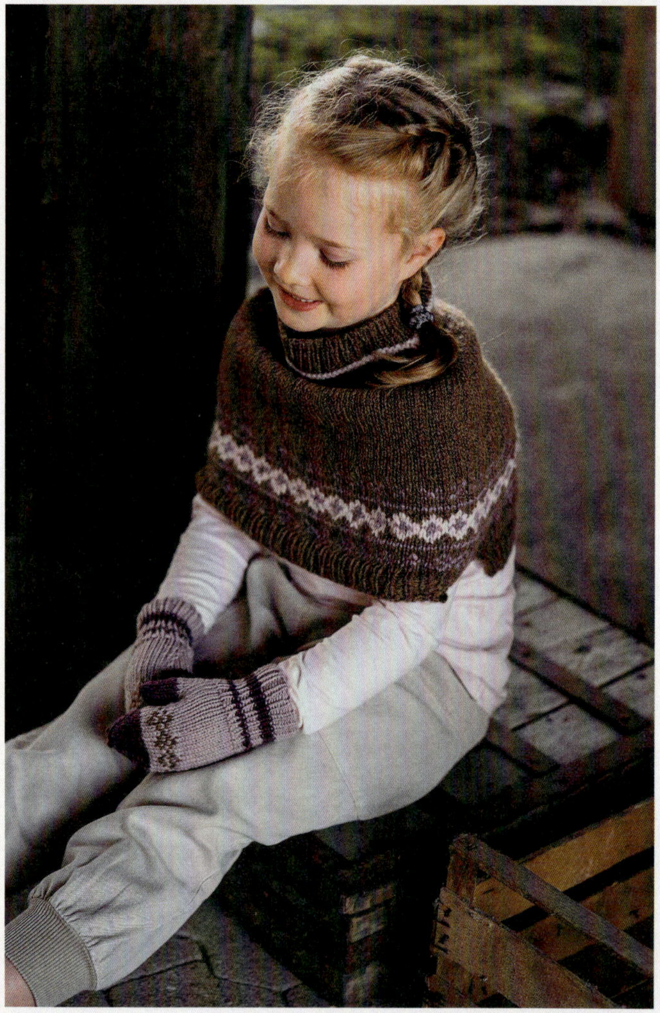

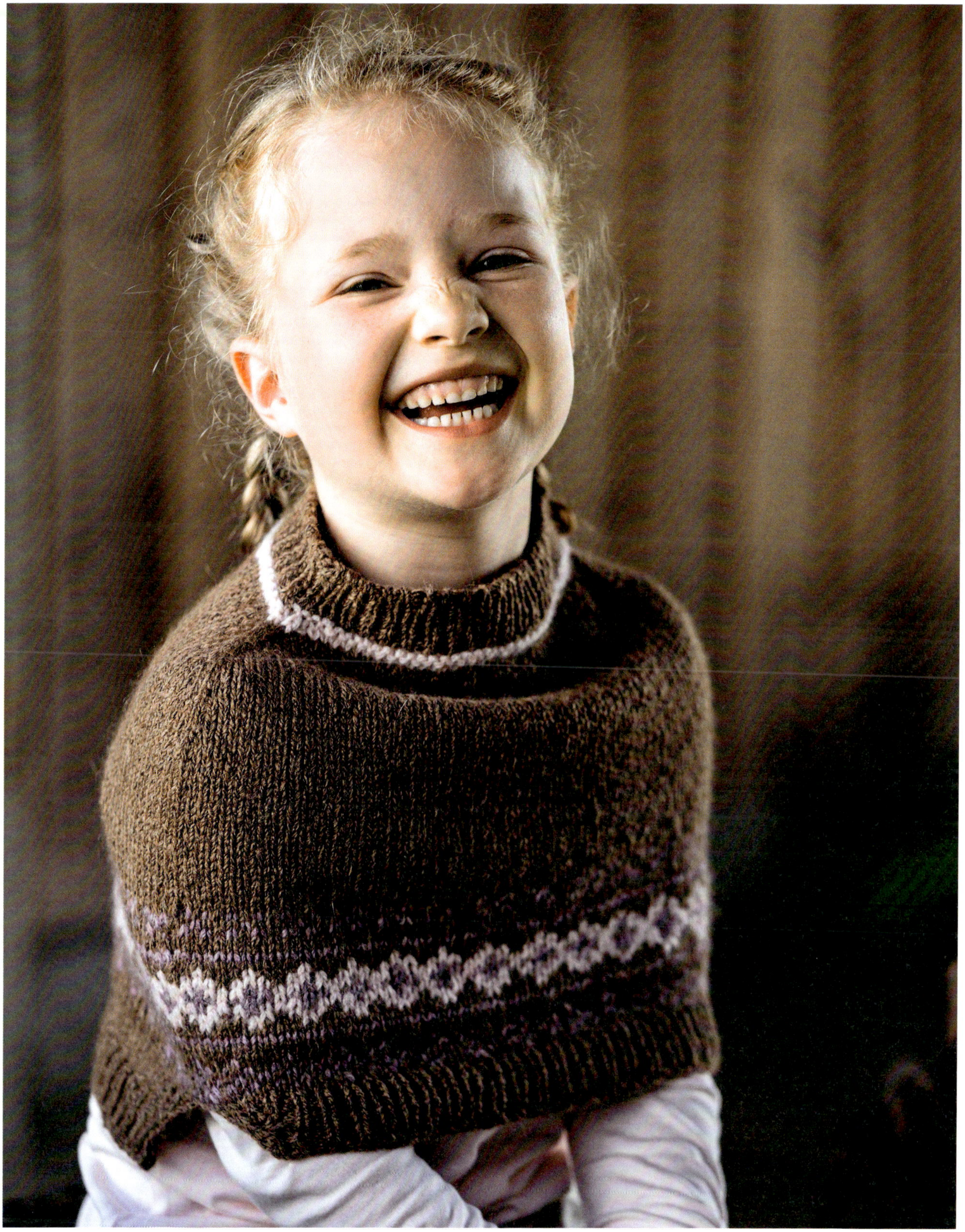

Zählmuster Fäustlinge

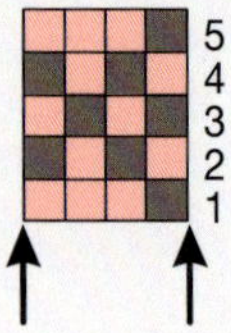

Zeichenerklärung:

- ■ = 1 M in Nussbraun
- ■ = 1 M in Rosenholz

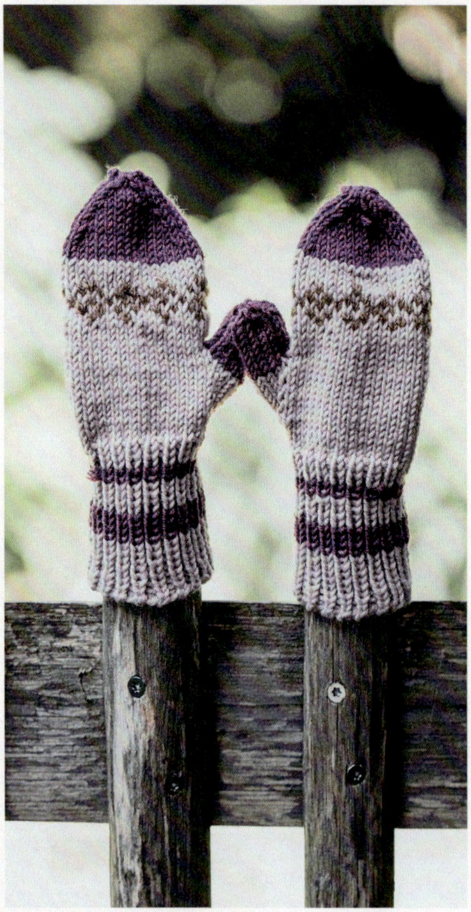

Fäustlinge Juna

Für den linken Handschuh 28 M (32 M) in Rosenholz anschlagen, auf 4 Nadeln des Nadelspiels verteilen (= 7 M (8 M) pro Nadel), zur Rd schließen und in folgender Streifenfolge im Bündchenmuster arbeiten: 6 Rd (8 Rd) Rosenholz, 4 Rd Beere, 4 Rd Rosenholz, 2 Rd Beere, 4 Rd Rosenholz.
Weiter in Rosenholz: 4 Rd glatt rechts stricken, dann mit den Zunahmen für den Daumenkeil beginnen: Bis vor die letzte M der 1. Nadel stricken, vor und nach dieser M jeweils 1 M verschränkt aus dem Querfaden zunehmen. Die Zunahmen 2x in jeder 3. Rd (3x in jeder 2. Rd) vor und nach den letzten Zunahmen wiederholen = 7 M (9 M) für den Daumen. Noch 1 Rd über alle M stricken, dann die M für den Daumen auf einer Sicherheitsnadel stilllegen. Über die anderen M weiter in Rd stricken, für den Daumensteg oberhalb der stillgelegten M für den Daumen 1 M dazu anschlagen. Nach 5,5 cm (6 cm) ab Bündchen das Jacquardmuster nach Zählmuster arbeiten, dann noch 3 Rd in Rosenholz arbeiten.
Nach 13 cm (14 cm) ab Anschlag zu Beere wechseln und in der 2. Rd mit der 1. und der 3. Nadel bis zu den letzten 3 M rechts, 2 M rechts zusammen, 1 M rechts und mit der 2. und der 4. Nadel die 1. M rechts, 1 Überzug (1 M rechts abheben, 1 M rechts stricken, die abgehobene M überziehen), die restlichen M rechts stricken. Diese Abnahmen noch 1x in jeder 3. Rd, 1x (2x) in jeder 2. Rd und 2x in jeder Rd wiederholen = 8 M. Die restlichen 8 M mit einem Faden zusammenziehen oder im Maschenstich miteinander verbinden.
Die stillgelegten M für den Daumen aufnehmen und mit Beere weiterarbeiten. Um die M zur Rd zu schließen, 1 M rechts verschränkt aus dem Querfaden zwischen der letzten Daumen-M und der Daumensteg-M zunehmen, 1 M aus der Daumensteg-M und 1 M rechts verschränkt aus dem Querfaden zwischen der Daumensteg-M und der 1. Daumen-M = 10 M (12 M). Die M auf 3 Nadeln verteilen und bis zu einer Höhe von 3,5 cm (4 cm) stricken. In der folgenden Rd stets 2 M rechts zusammen = 5 M (6 M). Den Faden abschneiden und durch die letzten M ziehen. Den rechten Handschuh gegengleich arbeiten. Die Zunahmen für den Daumenkeil vor und nach der 1. M der 4. Nadel vornehmen.

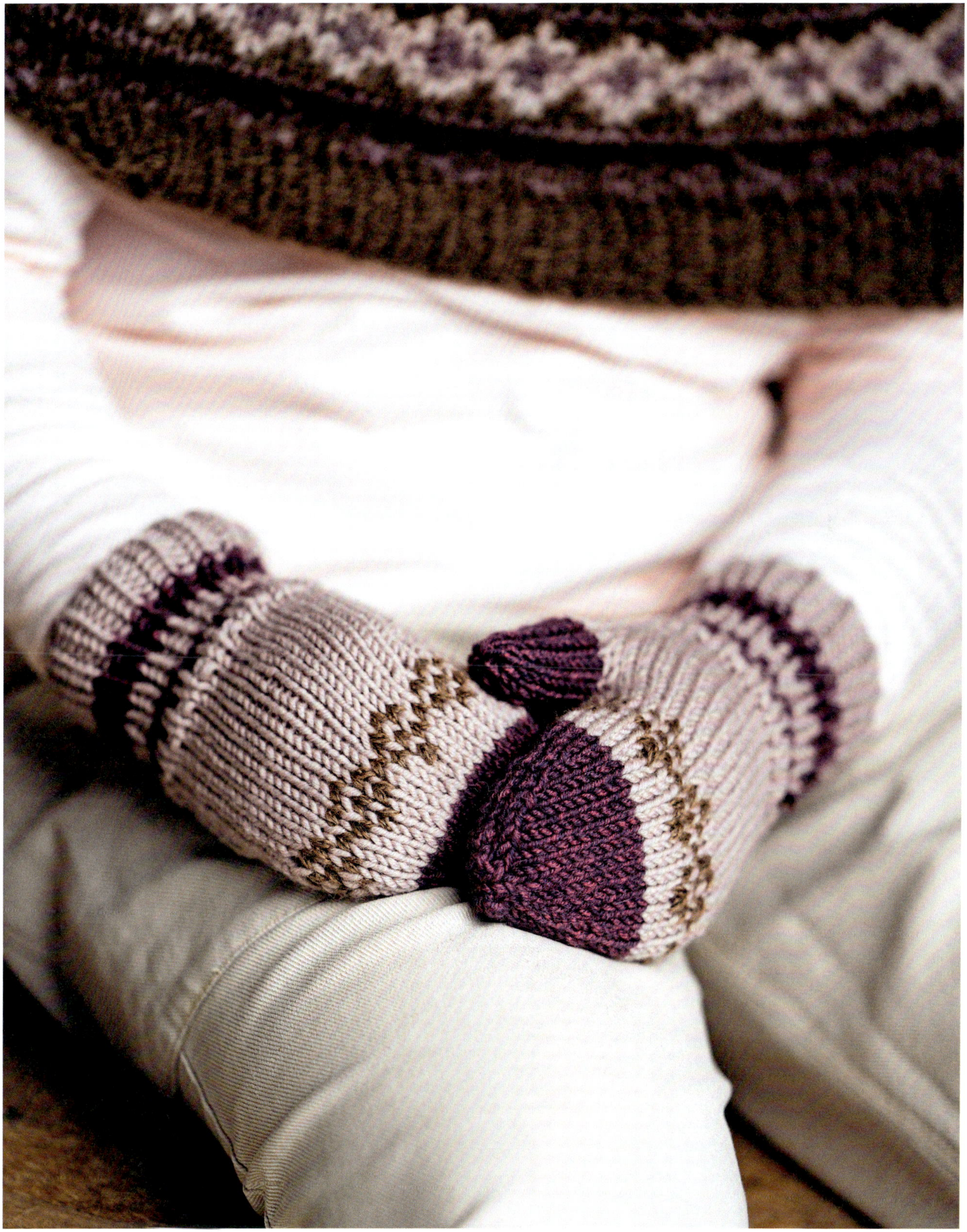

Ferien auf Saltkrokan

PULLUNDER SOFIA ✱ STIRNBAND LIV

GRÖSSEN Pullunder: 110/116 (122/128); Stirnband 50-52 cm (52-54 cm) Kopfumfang

MATERIAL Lana Grossa Ecopuno (72% Baumwolle, 17% Schurwolle, 11% Alpaka; LL = 215 m/50 g): **für den Pullunder** 100 g Minttürkis (Fb 44) und Silkhair (70% Mohair, 30% Seide; LL = 210 m/25 g): 50 g Helltürkis (Fb 82); kurze Rundstricknadel in 5 mm, Stricknadeln in 5,5 mm; Wollnadel; 2 Knöpfe mit 2,4 cm Durchmesser
Lang Yarns Merino 150 (100% Schurwolle; LL = 150 m/50 g): **für das Stirnband** 50 g Dunkelmint (Fb 0273) oder Apricot (Fb 0027) und Alpaca Superlight (54% Alpaka, 24% Polyamid, 22% Wolle; LL = 199 m/25 g): 25 g Mint (Fb 0058) oder Lachs (Fb 0128); Nadelspiel in 4 mm, Häkelnadel in 5 mm

MUSTER **Bündchenmuster:** 1 M rechts, 1 M links im Wechsel stricken.
Perlmuster: In HinR zwischen den Randm 1 M rechts, 1 M links im Wechsel. In RückR zwischen den Randm jede rechte M links und jede linke M rechts stricken.
Halbpatent: ungerade Mzahl. **1. Reihe (HinR):** Randm, * 1 M mit 1 Umschlag abheben, 1 M rechts; ab * wiederholen, 1 M mit 1 Umschlag abheben, Randm. **2. Reihe (RückR):** Randm, * 1 M mit dem Umschlag rechts zusammen, 1 M links; ab * wiederholen, 1 M mit dem Umschlag rechts zusammen, Randm. Die 1.-2. R fortlaufend wiederholen. ▼

Stirnband Liv

Mit einem kontrastfarbenen Hilfsfaden eine Luftm-Kette aus 20 M (22 M) häkeln. Mit je 1 Faden Merino 150 und Alpaca Superlight aus den querliegenden Mgliedern auf der Rückseite der Luftm-Kette 16 M (18 M) mit 1 Nadel des Nadelspiels herausstricken und im Perlmuster arbeiten. Nach 17 cm (18 cm) für den Twist 26 R (28 R) nur über die ersten 7 M (8 M) stricken, die restlichen 9 M (10 M) stilllegen. Dann über die stillgelegten M ebenfalls 26 R (28 R) stricken. Den schmaleren Strang über den breiteren Strang legen und wieder über alle M weitere 17 cm (18 cm) arbeiten. Das Stirnband anprobieren, je nach Kopfweite einige R zusätzlich oder weniger stricken. Mit einer RückR enden und den Arbeitsfaden ca. 40 cm abschneiden. Den provisorischen Anschlag aufziehen und die M auf einer Nadel aufnehmen. Dann die beiden offenen M-Enden im Maschenstich (siehe S. 74) miteinander verbinden. ▼

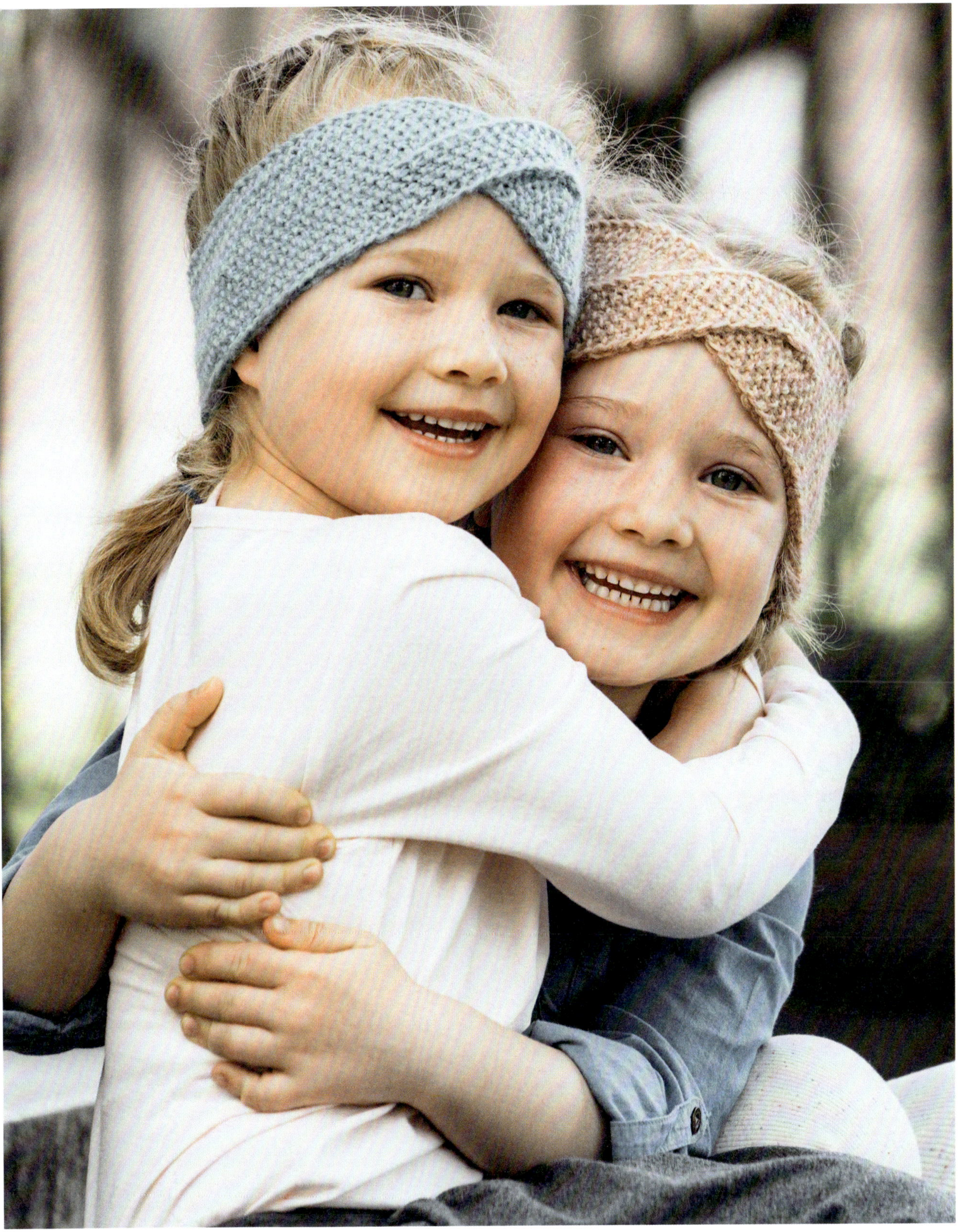

Patentrand (5 M): HinR beginnen und enden jeweils mit 1 M rechts, 2x [1 M mit dem Faden vor der Arbeit abheben, 1 M rechts]. RückR beginnen und enden jeweils mit 1 M mit dem Faden vor der Arbeit abheben, 2x [1 M rechts, 1 M mit dem Faden vor der Arbeit abheben].
Randm (Stirnband): In jeder R die 1. M rechts stricken, die letzte M abheben.
Stufenloses Abketten: In der VorR bis zur letzten M stricken, wenden, ohne die letzte M auf die rechte Nadel zu heben, die folgende M der linken Nadel ebenfalls ungestrickt abheben. Dann die 1. M der rechten Nadel über die 2. M ziehen. Falls mehr als nur 1 M abgenommen werden sollen, diese nun einfach wie üblich weiter abketten. Sollen M innerhalb eines Patentmusters abgekettet werden, werden diese ohne Umschlag gearbeitet und einfach gestrickt, wie sie erscheinen.

MASCHENPROBE Halbpatent (Nadel 5,5 mm): 15 M x 31 R = 10 cm x 10 cm; Perlmuster (Nadel 4 mm): 22 M x 40 R = 10 cm x 10 cm

Schnitt Pullunder

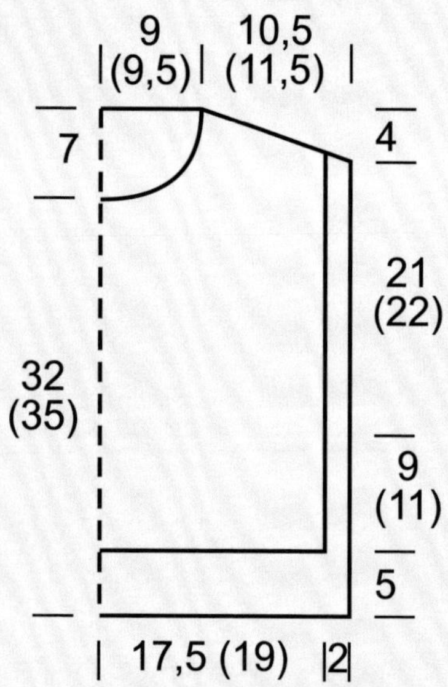

Pullunder Sofia

Für das Rückenteil 63 M (69 M) mit je 1 Faden Ecopuno und 1 Faden Silkhair und Nadeln in 5,5 mm anschlagen und ab der 1. RückR in folgender Einteilung stricken: 5 M Patentrand, 53 M Bündchenmuster, 5 M Patentrand. Nach 5 cm ab Anschlag in folgender Einteilung weiterarbeiten: 5 M Patentrand, 53 M Halbpatent, 5 M Patentrand. In 35 cm (38 cm) Gesamthöhe für die Schulterschrägen an beiden Seiten 6 M (7 M) abketten und in jeder 4. R noch 2x 6 M (1x 7 M und 1x 6 M) stufenlos abketten. Die restlichen 27 M (29 M) für den rückwärtigen Halsausschnitt stilllegen.
Das Vorderteil wie das Rückenteil arbeiten, aber für die Knopflöcher in 14 cm (16 cm) Höhe beidseitig je 1 Knopfloch arbeiten: 5 M Patentrand, 2 M abketten, in der Mustereinteilung bis zu den letzten 7 M stricken, 2 M abketten, 5 M Patentrand. In der folgenden RückR werden über den beiden abgeketteten M 2 M anschlagen. In 32 cm (35 cm) Höhe die mittleren 9 M (11 M) abketten und beide Seiten getrennt gegengleich fertigstellen: Am inneren Ausschnittrand in jeder 2. R 1x 3 M und 1x 2 M, dann in jeder 4. R noch 4x 1 M abketten, am äußeren Rand gerade hoch.
Dann die Schulternähte schließen. Aus dem Halsausschnitt mit je 1 Faden Ecopuno und 1 Faden Silkhair und der kurzen Rundstricknadel in 5 mm 70 M (74 M) auffassen und 18 cm im Bündchenmuster stricken. Dann alle M wie folgt abketten: * 2 M rechts zusammen, die M zurück auf die linke Nadel heben; ab * fortlaufend wiederholen. Auf der Innenseite des Rückenteils beidseitig je 1 Knopf annähen.

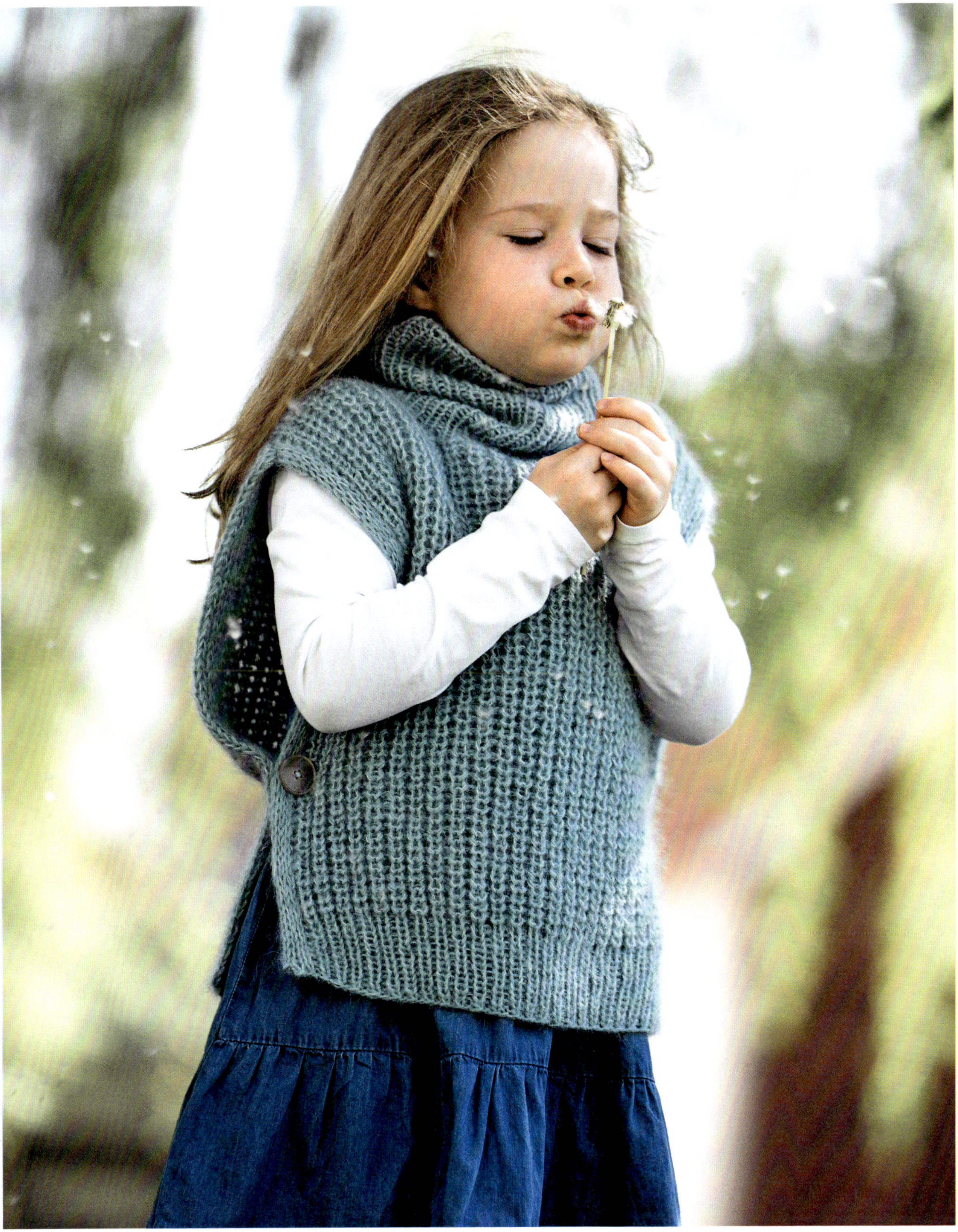

In den Schären

STREIFENMÜTZE ANNIKA ✻ HANDSTULPEN FINJA ✻ DREIECKSTUCH BENTE

GRÖSSEN Mütze: 50-52 cm (52-54 cm) Kopfumfang; Tuch: kurze Seite 44 cm (55 cm), lange Seite 58 cm (73 cm); Stulpen: 12 cm (14 cm) Umfang, 19 cm (21 cm) lang = 104/110 (116/122)

MATERIAL ggh Baby Alpaka Farbe / Baby Alpaka natur (100% Alpaka; LL = 100 m/50 g): **für die Mütze** je 50 g Hellgrau meliert (Fb 10), Rosa (Fb 039), Gebranntes Rostrot (Fb 012) und Leuchtend Senf (Fb 022); Nadelspiel in 4 mm; Wollnadel; **für die Stulpen** je 50 g Hellgrau meliert und Gebranntes Rostrot, je ein Rest in Rosa und Leuchtend Senf; Nadelspiel in 4 mm
Lana Grossa Ecopuno (72% Baumwolle, 17% Schurwolle, 11% Alpaka; LL 215 m/50 g): **für das Tuch** je 50 g Minttürkis (Fb 44) als Basisfarbe und Dunkelbraun (Fb 17) oder Marine (Fb 10) als Basisfarbe und Zimtbraun (Fb 49) oder Lang Yarns Alpaca Superlight (54% Alpaka, 24% Polyamid, 22% Wolle; LL = 199 m/25 g): je 25 g Ocker (Fb 749.0011) als Basisfarbe und Lachs (Fb 749.0128); Stricknadeln in 4 mm

MUSTER **Glatt rechts in Rd:** Alle M stets rechts stricken.

Kraus rechts: In Hin- und RückR stets rechte M stricken.

Bündchenmuster: 1 M rechts, 1 M links im Wechsel stricken.

Rippenmuster: 2 M rechts, 2 M links im Wechsel stricken.

Perlmuster in Rd: 1 M rechts, 1 M links im Wechsel stricken und in jeder Rd um 1 M versetzen = jede rechte M links, jede linke M rechts stricken. Hinzukommende M im Muster ergänzen. ▼

Streifenmütze Annika

86 M (90 M) anschlagen, auf die 4 Nadeln des Nadelspiels verteilen = 21+22+21+22 M (22+23+22+23 M), zur Rd schließen und glatt rechts in folgender Streifenfolge stricken: 13 Rd Hellgrau meliert, 1 Rd Leuchtend Senf, 2 Rd Gebranntes Rostrot, 1 Rd Leuchtend Senf, 10 Rd Rosa, 1 Rd Leuchtend Senf, 2 Rd Gebranntes Rostrot, 1 Rd Leuchtend Senf = 31 Rd. Die 31 Rd der Streifenfolge 2x arbeiten, dann weiter in Hellgrau meliert stricken.

Dabei in einer Höhe von 19 cm (20,5 cm) ab Anschlag mit den Abnahmen beginnen: mit der 1. und der 3. Nadel bis 4 M vor Ende der Nadel rechts, 2 M rechts zusammen, 2 M rechts; mit der 2. und der 4. Nadel 2 M rechts, 1 einfacher Überzug (= 1 M wie zum Rechtsstricken abheben, 1 M rechts und die abgehobene M überziehen), die übrigen M der Nadeln rechts. Die Abnahmen noch 4x in jeder Rd wiederholen = 66 M (70 M). Dann die M der 1. und der 4. Nadel auf eine Nadel, die M der 2. und 3. Nadel auf eine 2. Nadel heben = je 33 M (35 M) pro Nadel. Die beiden Nadeln gegeneinanderlegen und die M im Maschenstich (siehe S. 74) schließen. Dann alle Fäden auf der Innenseite vernähen. ▼

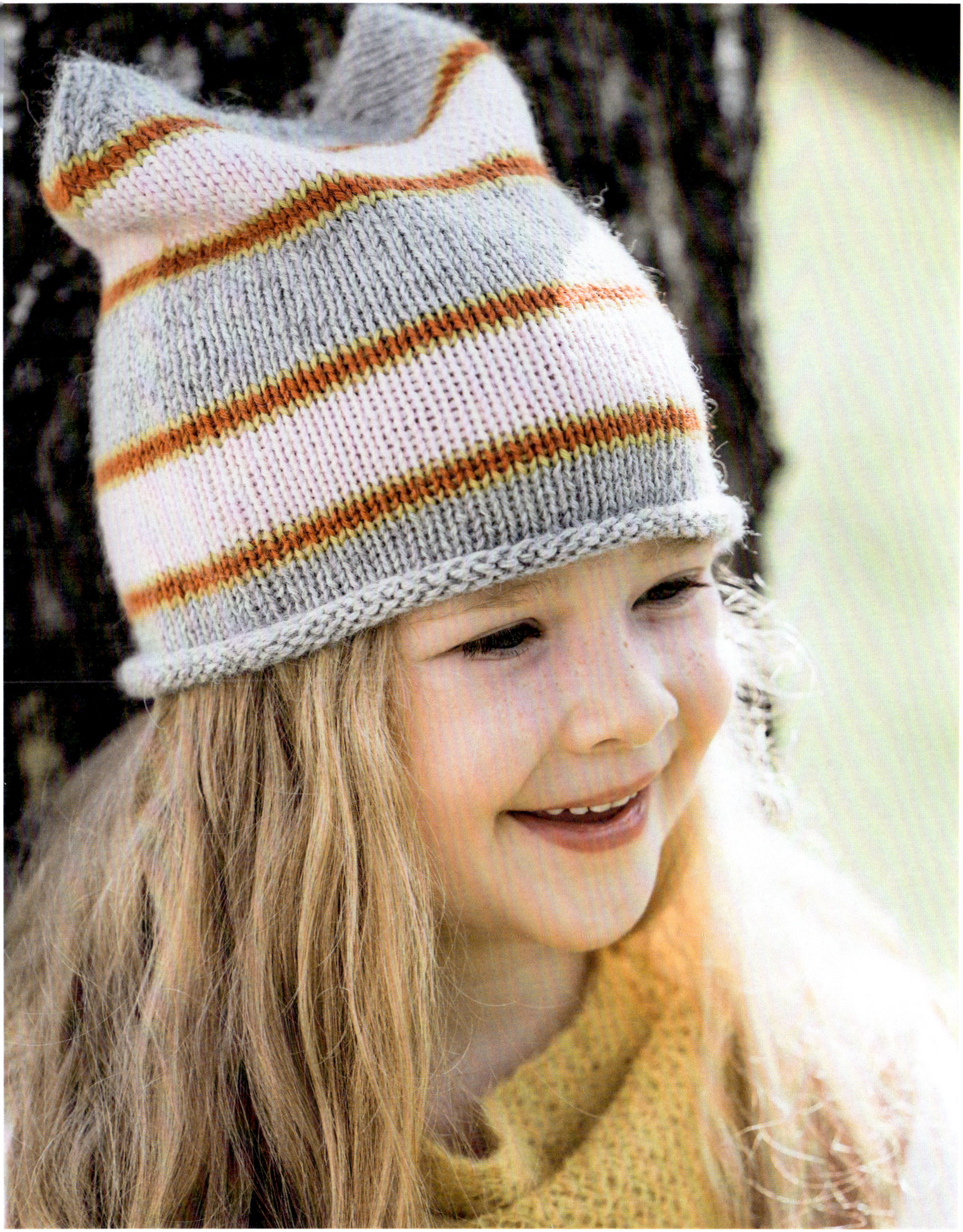

Randm (Tuch): In jeder R die 1. M rechts stricken, die letzte M abheben.

MASCHENPROBE Glatt rechts: 23 M x 31 R = 10 cm x 10 cm; Kraus rechts: 22 M x 40 R = 10 cm x 10 cm; Perlmuster: 22 M x 38 R = 10 cm x 10 cm; Rippenmuster: 24 M x 30 R = 10 cm x 10 cm (alles mit Nadel 4 mm)

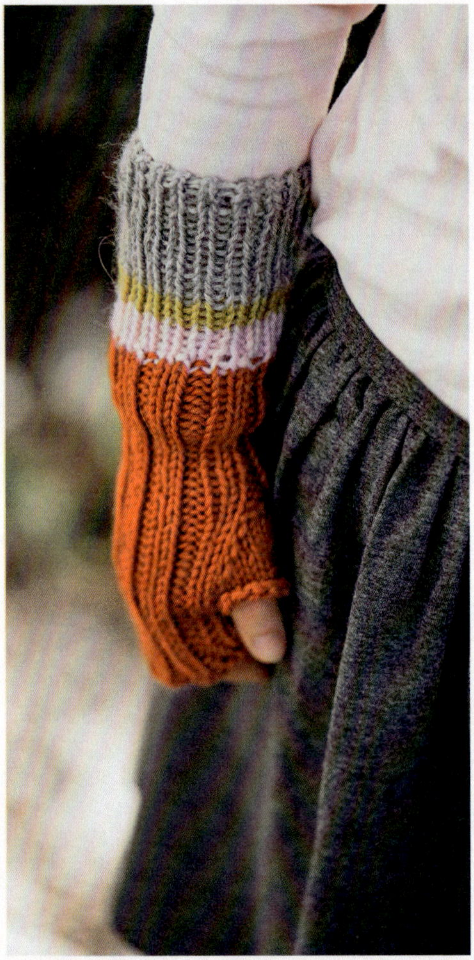

Handstulpen Finja

Für die linke Stulpe 36 M (40 M) in Grau anschlagen, die M auf die 4 Nadeln des Nadelspiels verteilen (= 9 M (10 M) pro Nadel), zur Rd schließen und wie folgt im Bündchenmuster stricken: 10 Rd (12 Rd) in Hellgrau meliert, 3 Rd in Leuchtend Senf und 5 Rd in Rosa. Dann weiter in Gebranntes Rostrot im Rippenmuster arbeiten. Nach 13 cm (14 cm) ab Anschlag mit den Zunahmen für den Daumenzwickel beginnen: Bis 1 M vor Ende der 1. Nadel stricken, 1 M rechts verschränkt aus dem Querfaden zunehmen, 1 M rechts, 1 M rechts verschränkt aus dem Querfaden zunehmen. Diese Zunahmen jeweils beidseitig der zuvor gearbeiteten Zunahmen in jeder 2. Rd noch 3x (4x) wiederholen = 9 M (11 M) für den Daumenkeil. Die M für den Daumenkeil in den folgenden Rd rechts stricken. Noch 2 Rd ohne Zunahmen stricken, dann die 9 M (11 M) des Daumenkeils abketten: * 2 M rechts zusammen, die M zurück auf die linke Nadel; ab * fortlaufend wiederholen, bis alle M abgekettet sind. Die übrigen 35 M (39 M) weiter im Rippenmuster stricken, dabei in der 1. Rd oberhalb der M für den Daumen 1 M zunehmen. Nach 2 cm (3 cm) ab Daumenzwickelende = 19 cm (21 cm) ab Anschlag die M wie zuvor beschrieben abketten und alle Fäden vernähen.

Die rechte Stulpe ebenso arbeiten, jedoch die Zunahmen für den Daumenkeil vor und nach der 1. M der 4. Nadel stricken.

▼

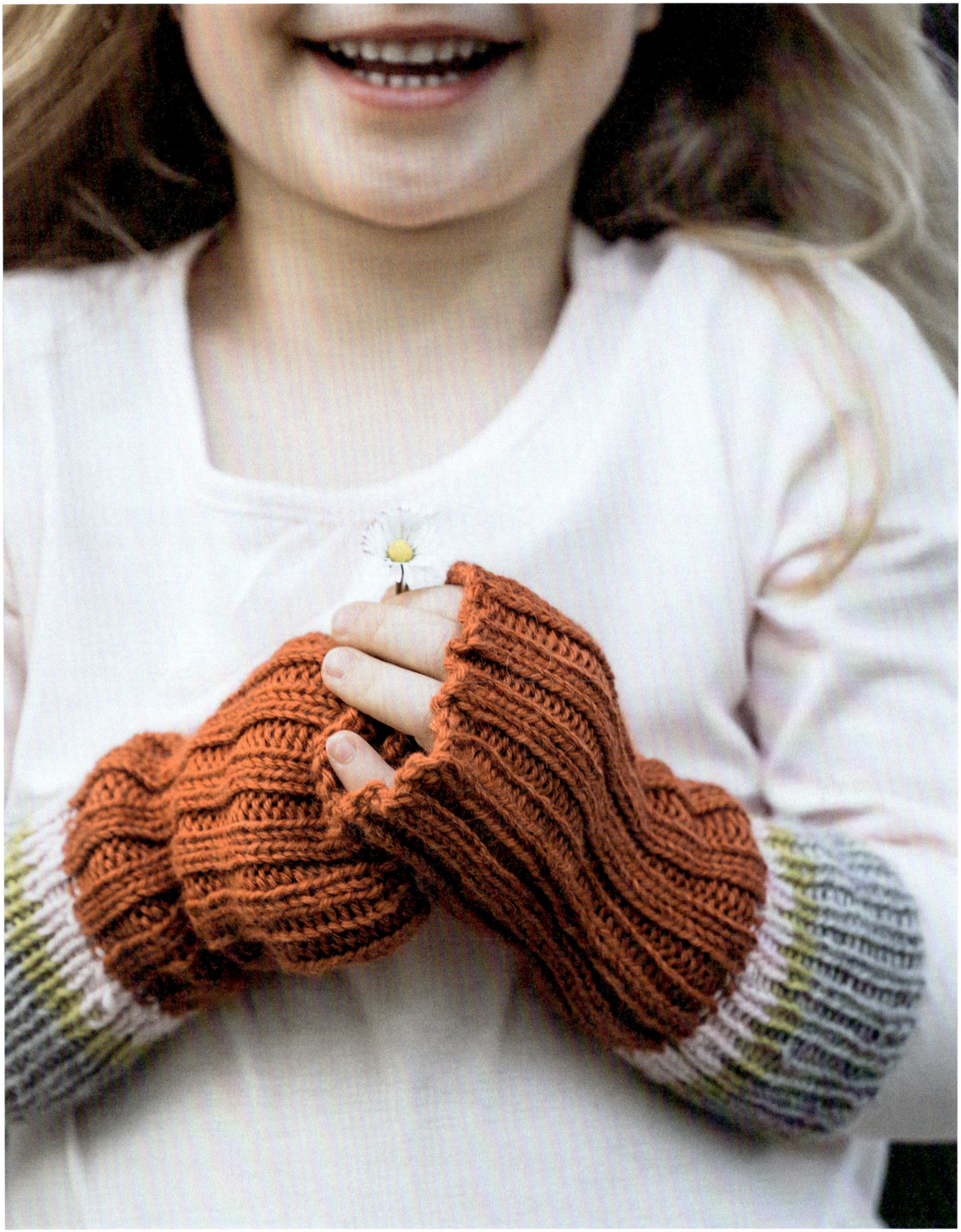

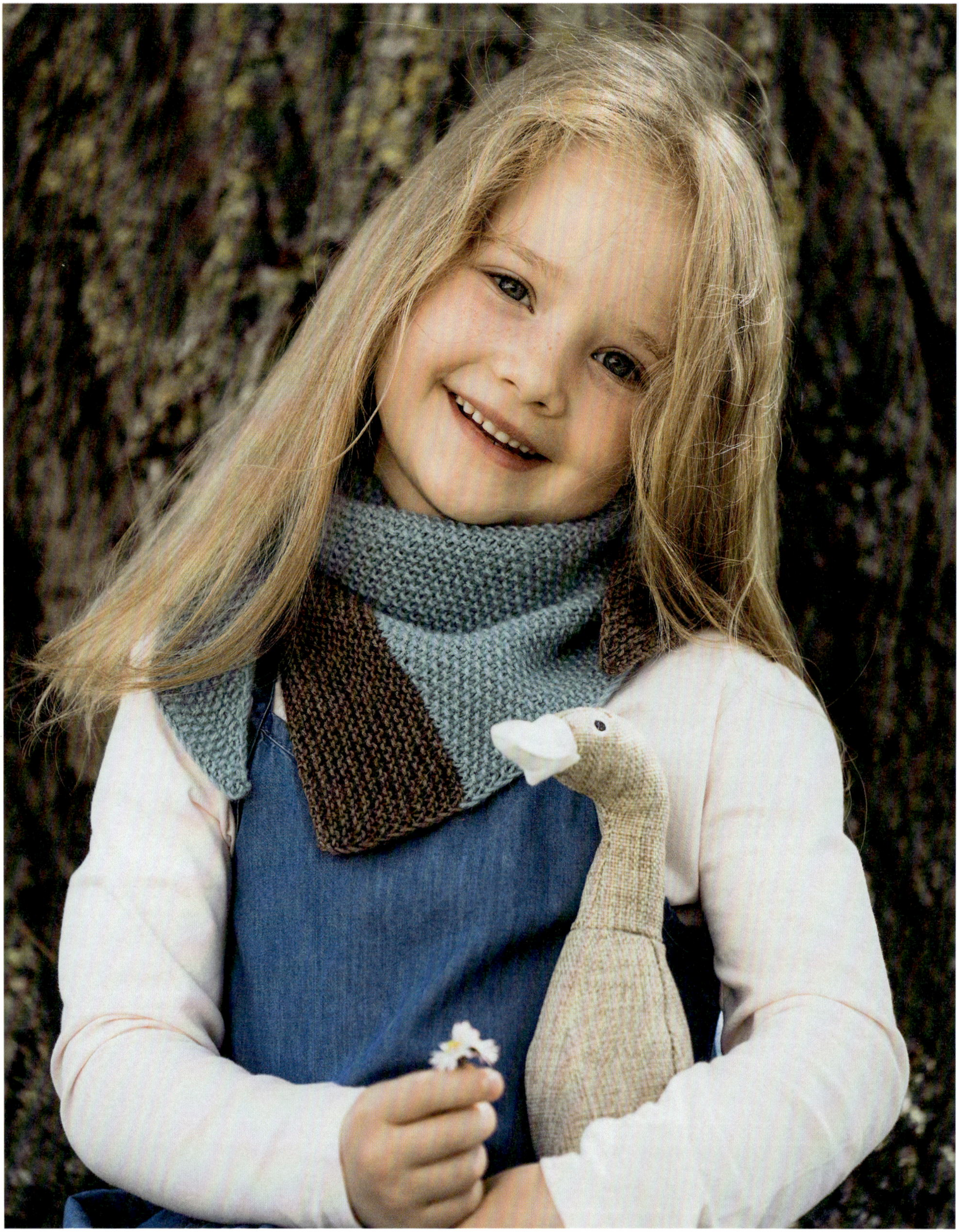

Dreieckstuch/Bandana Bente

3 M in der Basisfarbe anschlagen und im Perlmuster stricken. Dabei in jeder 2. R am rechten Rand nach der Randmasche 1 M verschränkt zunehmen, diese in den folgenden R in das Perlmuster einfügen. Nach 38 cm (49 cm) Höhe ab Anschlag (an der Kante ohne Zunahmen gemessen) zur 2. Farbe wechseln und kraus rechts weiterstricken, dabei die Zunahmen wie zuvor weiterarbeiten. Nach 6 cm (= 44 cm (55 cm) ab Anschlag alle M wie folgt abketten: * 2 M rechts zusammen, die M zurück auf die linke Nadel heben; ab * fortlaufend wiederholen, bis nur noch 1 M übrig ist. Den Faden abschneiden und durch die letzte M ziehen. Das Tuch spannen, mit einer Sprühflasche befeuchten und liegend trocknen lassen.

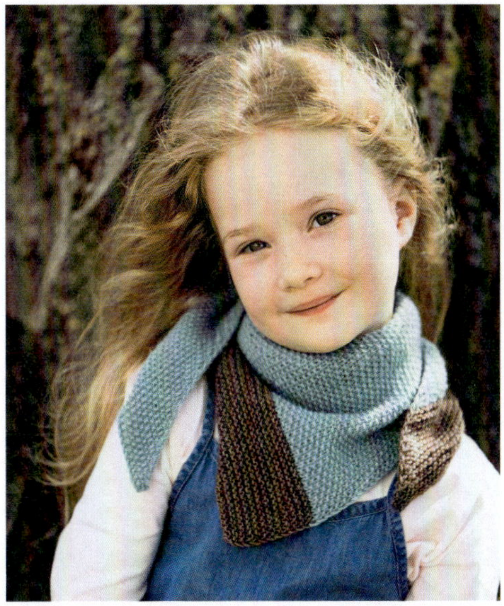

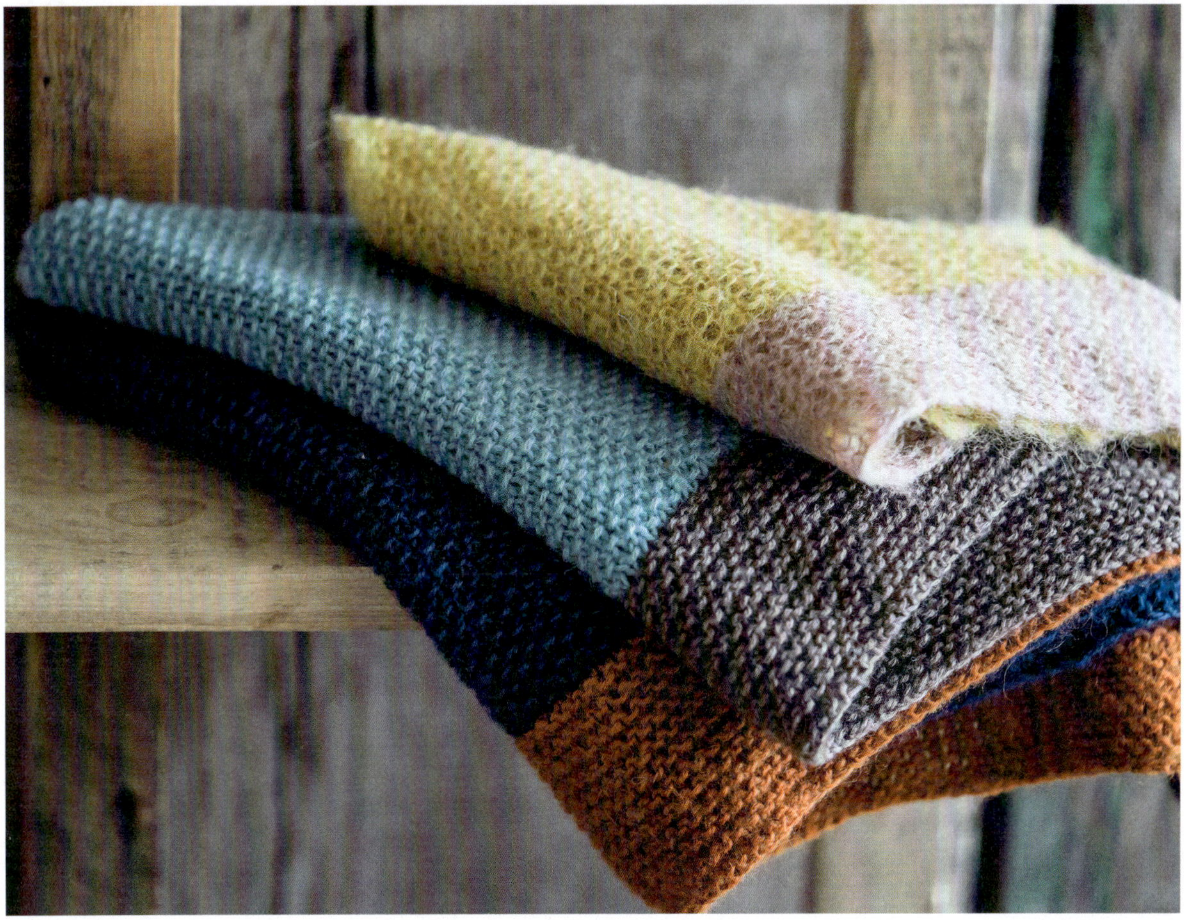

Der Maschenstich

Im Maschenstich lassen sich 2 Reihen offener Maschen so miteinander verbinden, dass sich die Naht als weitere rechte Maschenreihe ins Gestrickte einfügen. Eine solche Naht ist optisch kaum noch zu erkennen und bietet den Vorteil, dass keine überstehenden Nahtenden auf der Innenseite liegen. Daher bietet sie sich gerade für Kinderaccessoires an.
Auf beiden Nadeln benötigt man dazu die gleiche Anzahl an Maschen. Gearbeitet wird mit einer stumpfen Wollnadel und einem Faden des Strickgarns, der etwa 3x so lang ist wie die zu schließende Länge.
Die zu verbindenden Teile können sowohl auf 2 parallel gehaltenen Stricknadeln als auch flach auf dem Tisch liegend verbunden werden. Die Nadelspitzen zeigen beide nach rechts. Nach und nach werden die offenen Maschen von den beiden Stricknadeln in Strickrichtung von rechts nach links verbunden.

Abb. 1

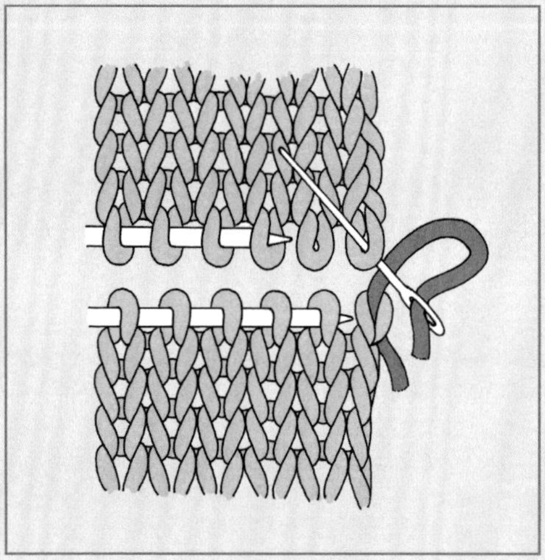

Abb. 2

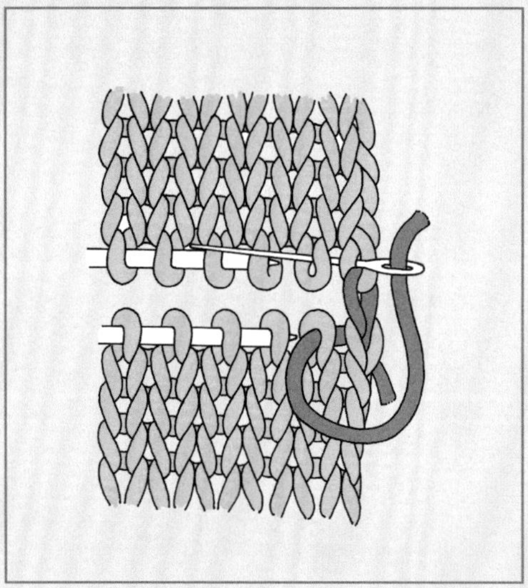

Beginn: Von hinten nach vorne in die untere Randm einstechen, dann von hinten nach vorne in die obere Randm einstechen und den Faden bis auf ein letztes Fadenende zum Vernähen durchziehen. Abb 1.

*** In der unteren R von vorne nach hinten in die M einstechen, die zuvor bereits einmal abgenäht wurde, von hinten nach vorne in die nächste M einstechen und den Faden durchziehen.
Dasselbe in der oberen R wiederholen: von vorne nach hinten in die M einstechen, die zuvor bereits einmal abgenäht wurde, von hinten nach vorne in die nächste M einstechen und den Faden durchziehen. Abb 2.

Die Arbeitsschritte ab *** fortlaufend wiederholen, dabei den Faden stets so fest anziehen, dass er sich genau ins Maschenbild einfügt. Abb 3. Auf diese Weise alle M miteinander verbinden.

Schluss: Noch einmal von vorne nach hinten in die untere Randm einstechen, dann von vorne nach hinten in die obere Randm, den Faden durchziehen und beide Fadenenden vernähen.

Abb. 3

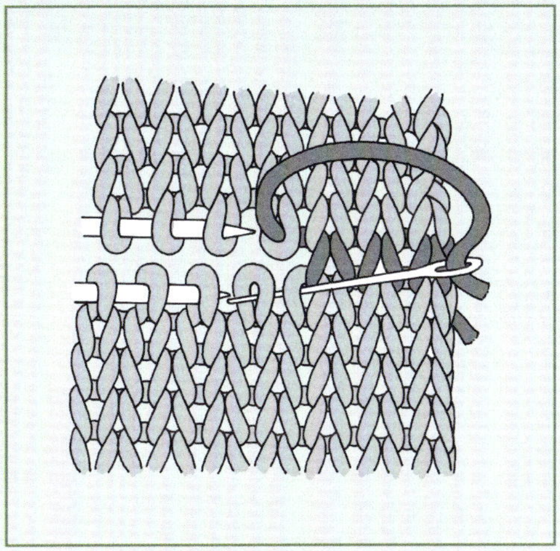

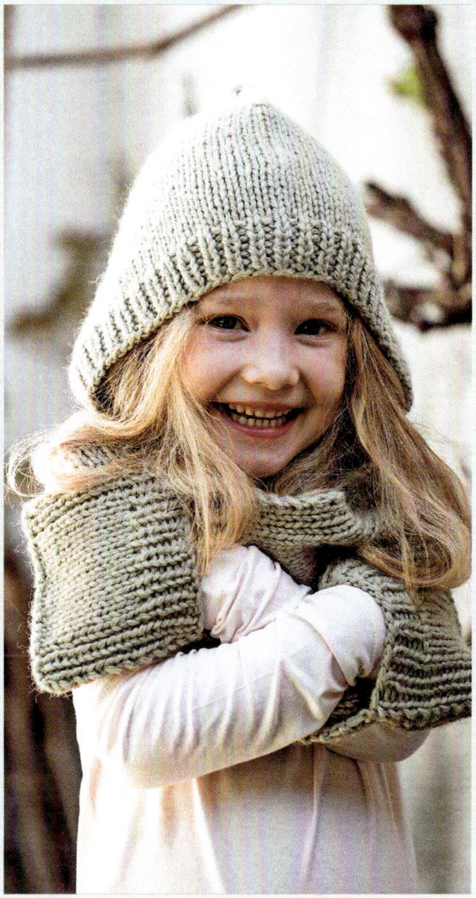

ABKÜRZUNGEN

M = Masche(n)
MM = Maschenmarkierer
R = Reihe(n)
Randm = Randmasche(n)
Rd = Runde(n)
rechts / links zusammen = rechts / links zusammenstricken

GRÖSSENANGABEN

Angaben für die kleinere Größe stehen an erster Stelle, die für die größeren Größen hintereinander in Klammern. Wird nur eine Angabe genannt, gilt sie für beide Größen.

Impressum

Autorin: Claudia Laermann
Fotos: Anne Schulz
Lektorat: Stephanie van der Linden
Korrektorat: Anna Maier
Verantwortlich: Helgrid van Impelen
Lektorat und externes Projektmanagement:
Stephanie van der Linden
Cover: Regina Degenkolbe
Umschlag: Ina Mielkau
Layout und Satz: Ina Mielkau
Repro: LUDWIG:media
Herstellung: Kathleen Baumann
Printed in Slovakia by Neografia

Sind Sie mit diesem Titel zufrieden? Dann würden wir uns über Ihre Weiterempfehlung freuen. Erzählen Sie es im Freundeskreis, berichten Sie Ihrem Buchhändler oder bewerten Sie beim Onlinekauf. Und wenn Sie Kritik, Korrekturen oder Aktualisierungen haben, freuen wir uns über Ihre Nachricht an Christophorus Verlag, Postfach 40 02 09, D-80702 München oder per E-Mail an lektorat@verlagshaus.de.

Unser komplettes Programm finden Sie unter

www.christophorus-verlag.de

In diesem Buch wird aus Gründen der besseren Lesbarkeit das generische Maskulinum verwendet. Weibliche und anderweitige Geschlechteridentitäten werden dabei ausdrücklich mitgemeint, soweit es für die Aussage erforderlich ist.

Die Deutsche Nationalbibliothek verzeichnet diese Publikation in der Deutschen Nationalbibliografie; detaillierte bibliografische Daten sind im Internet über http://dnb.d-nb.de abrufbar.

ISBN 978-3-8410-6674-9

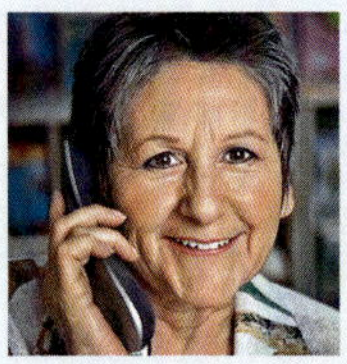

Kreativ-Service

Sie haben Fragen zu den Büchern und Materialien? Frau Erika Noll ist für Sie da und berät Sie rund um alle Kreativthemen. Rufen Sie an! Wir interessieren uns auch für Ihre eigenen Ideen und Anregungen. Sie erreichen Frau Noll per E-Mail: **kreativ-service@c-verlag.de** oder Tel.: **+49 (89) - 13 06 99 - 577**.

Besuchen Sie uns im Internet: www.christophorus-verlag.de

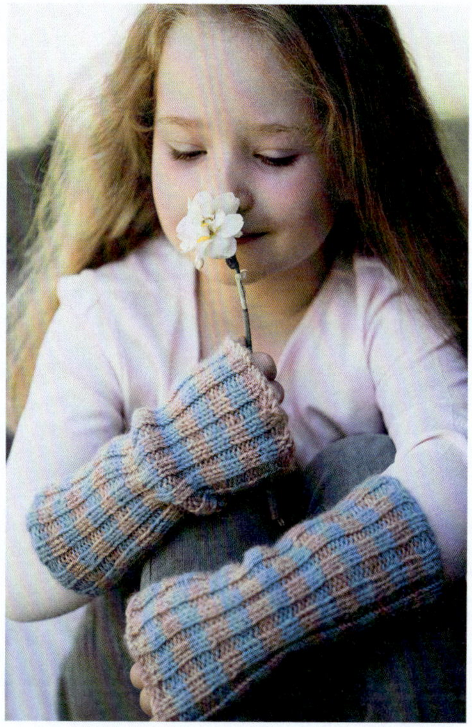

Danke!

Mein herzlicher Dank geht an alle Strickerinnen, die mir so tatkräftig, freudig und zuverlässig geholfen haben, dieses Projekt realisieren zu können: Christine Dietz, Antje Gref, Ingrid Meyer, Marrett Zachert.
Bedanken möchte ich mich auch von Herzen für die Unterstützung der Garnfirmen, die mir wunderbaren Qualitätsgarne zur Verfügung gestellt haben: ggh, Lana Grossa, Lang Yarns.

Ohne Ihrer aller Unterstützung wäre jedes Design nur halb so schön.

Ein großes Dankeschön an Anne Schulz für die wunderschönen, atmosphärischen Fotos, für das Casting und das Styling, an Stephanie van der Linden für die sorgfältige Überprüfung und Korrektur der Anleitungen und für die vielen unterstützenden Hinweise und Ideen in jeder Hinsicht, an Ina Mielkau für das Layout, an Babette Ulmer, die meine handgescribbleten Strickschriften in les- und druckbare Dateien umgewandelt hat, und an Helgrid van Impelen, die mir als Programmleiterin zur Seite gestanden und mir die Chance gegeben hat. Die schöne, positive Zusammenarbeit war mir eine sehr große Freude und hat dieses Projekt zu einer Herzensangelegenheit werden lassen.

Und natürlich möchte ich mich bei den zauberhaften Mini- (oder doch ganz großen) Models bedanken: die Zwillingsmädchen Lilli und Leni und das Brüderpaar Fynn und Henry. Durch Euch werden Mütze, Schal und Handschuhe lebendig und zaubern ein Lächeln ins Gesicht. Ihr habt Eure Sache großartig gemacht!